매일 초등영어 쓰기 습관 100일의 기적

시원스쿨 지음

Basic

초등 영어 '첫걸음'

KB045155

S 시원스쿨닷컴

매일 1장
초등 영어 쓰기 습관
100일의 기적
Basic

초판 1쇄 발행 2024년 4월 30일

지은이 시원스쿨
펴낸곳 (주)에스제이더블유인터내셔널
펴낸이 양홍걸 이시원

홈페이지 www.siwonschool.com
주소 서울시 영등포구 영신로 166 시원스쿨
교재 구입 문의 02)2014-8151
고객센터 02)6409-0878

ISBN 979-11-6150-843-6 63740
Number 1-120101-18189900-09

여러분,
지금부터 매일 1장씩
영어 실력을 쑥쑥
키워볼까요?

WELCOME!

매일 1장
100일
영어 쓰기 습관의
놀라운 기적

Practice
Makes
Perfect.

연습이
완벽을
만듭니다.

m Kai. I am Korean. I'm a student. I'm a cook. I'm a happy person. I'm a good singer.
an only child. I'm not American I'm not a liar. I'm not a lazy person. I'm glad. I'm
ched. I'm so hungry. I'm too full. I'm very busy. I'm really excited. I'm not upset. I'm
that tired. I'm not lonely anymore. I'm not sure yet. You are a good friend. You're so
d. You're not alone. He is my friend. He's my brother. He's not my father. She is my
st friend. She's very pretty. She's not my grandmother. She's so cute. We are brothers.
re classmates. We're not that close. They are my parents. They're my toys. They're
a family. This is my favorite color. This is not your bag. That is too expensive. That
ot my dog. Am I right? Are you ready? Are you his relative? Are you her neighbor? Is
her boyfriend? Is she his girlfriend? Are they disappointed? Are they your shoes? Is
your coat? Is that your son? I have a phone. I have a puppy. I have a small mole. I
ve a big dream. I have a headache. I have two friends. I have some ideas. I don't have
umbrella. I don't have any chance. I have no money. I like flowers. I like fresh fruits.

키가 하루 아침에 갑자기 쑥! 자랄까요?

아니죠. 매일매일 조금씩 꾸준히 자라다 마침내 큰 키가 되는 거죠.

말도 마찬가지예요. 어느 날 갑자기 지금처럼 말을 잘하게 됐을까요?

아니죠. 아기였을 때 엄마, 아빠라고 말하는 것부터 시작해

매일매일 조금씩 꾸준히 말이 늘다가 마침내 잘하게 되는 거죠.

무슨 일이든 갑자기 한꺼번에 되는 일은 없어요.

영어를 잘하려면 영어도 매일매일 조금씩 꾸준히 해야 해요.

그렇게 하다 보면 "어, 이젠 영어가 너무 편해!"라고 느껴지는 날이 올 거예요.

자, 그럼 지금부터 100일 동안 매일매일 조금씩 꾸준히

매일 1장 영어 쓰기 습관으로 영어와 친해져 볼까요?

Features
책의 구성 및 특징

1 책을 꾹꾹 눌러 평평하게 펼쳐도 책이 접히지 않아 영어 쓰기가 편해요.

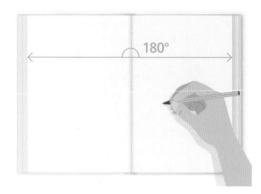

책을 꾹꾹 눌러 180도로 펼쳐도 책이 접히지 않고 자연스럽게 펼쳐지는 특별한 방식(PUR제본)으로 제작되어 영어를 아주 편안하게 쓸 수 있어요.

2 영어 쓰기를 시작하기 전 단어 읽는 법, 어순, 기초 문법 용어를 익혀요.

(1) 영어 단어 읽는 법을 익힌 후 단어 12개를 직접 듣고 읽고 써 보고, (2) 영어 문장의 어순을 익히고, (3) 영어 공부에 필요한 기본적인 문법 용어를 익혀요.

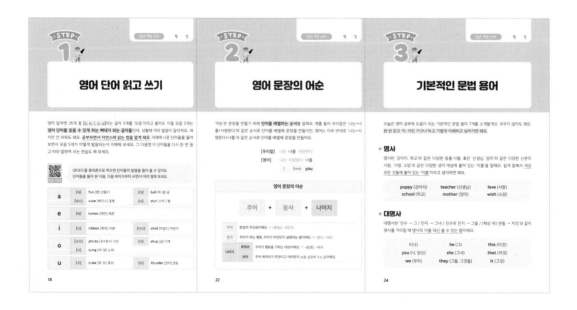

6

3 매일 1장씩 100일간 100문장을 쓰면서 자연스레 '영단어, 영문법, 영어회화'를 익혀요.

매일 1장씩 100일간 쓰게 되는 100개의 문장들은 '쓰면서 자연스럽게' 초등 필수 영단어, 영문법, 영어회화를 익힐 수 있도록 체계적인 기준에 따라 엄선된 문장들이에요. 따라서 100일간 꾸준히 쓰다 보면 영어 실력이 탄탄하게 성장해요.

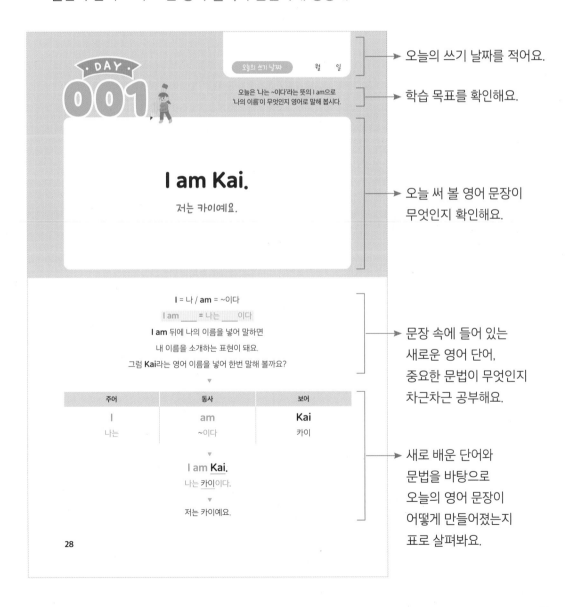

DAY 001

오늘의 쓰기 날짜   월   일

오늘은 '나는 ~이다'라는 뜻의 I am으로
'나의 이름'이 무엇인지 영어로 말해 봅시다.

I am Kai.

저는 카이예요.

I = 나 / am = ~이다

I am _____ = 나는 _____ 이다

I am 뒤에 나의 이름을 넣어 말하면
내 이름을 소개하는 표현이 돼요.
그럼 Kai라는 영어 이름을 넣어 한번 말해 볼까요?

▼

주어	동사	보어
I	am	Kai
나는	~이다	카이

▼

I am Kai.
나는 카이이다.

▼

저는 카이예요.

28

➤ 오늘의 쓰기 날짜를 적어요.

➤ 학습 목표를 확인해요.

➤ 오늘 써 볼 영어 문장이 무엇인지 확인해요.

➤ 문장 속에 들어 있는 새로운 영어 단어, 중요한 문법이 무엇인지 차근차근 공부해요.

➤ 새로 배운 단어와 문법을 바탕으로 오늘의 영어 문장이 어떻게 만들어졌는지 표로 살펴봐요.

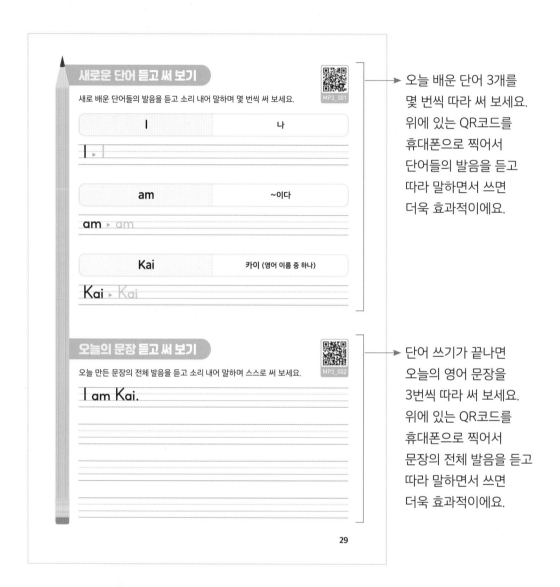

새로운 단어 듣고 써 보기

MP3_001

새로 배운 단어들의 발음을 듣고 소리 내어 말하며 몇 번씩 써 보세요.

I	나

I ▸

am	~이다

am ▸ am

Kai	카이 (영어 이름 중 하나)

Kai ▸ Kai

오늘 배운 단어 3개를 몇 번씩 따라 써 보세요. 위에 있는 QR코드를 휴대폰으로 찍어서 단어들의 발음을 듣고 따라 말하면서 쓰면 더욱 효과적이에요.

오늘의 문장 듣고 써 보기

MP3_002

오늘 만든 문장의 전체 발음을 듣고 소리 내어 말하며 스스로 써 보세요.

I am Kai.

단어 쓰기가 끝나면 오늘의 영어 문장을 3번씩 따라 써 보세요. 위에 있는 QR코드를 휴대폰으로 찍어서 문장의 전체 발음을 듣고 따라 말하면서 쓰면 더욱 효과적이에요.

29

100일간 영어 문장을 쓰며 익힌 모든 영단어들은 교재의 마지막 '[부록] 영어 단어 INDEX'에 **알파벳 순으로 정리**해 놓았어요. 쓰기 학습을 다 마친 후 INDEX를 보며 기억이 잘 나지 않는 단어들은 다시 찾아 복습하세요.

4 매일 1장 영어 쓰기를 끝낼 때마다 일일 학습 체크 일지에 '체크(O)' 표시를 해요.

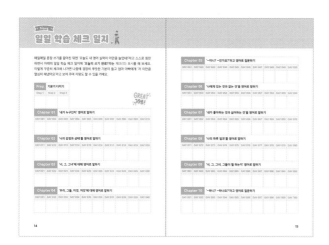

매일의 공부를 끝마친 후 일일 학습 체크 일지에 '오늘 공부 끝!'이라는 체크(O) 표시를 100일 동안 채워 나가면 내 스스로 뿌듯함과 성취감을 느낄 수 있어요.

5 <매일 1장 초등 영어 쓰기> 학습서는 '3단계 레벨'로 구성되어 있어요.

<매일 1장 초등 영어 쓰기 습관 100일의 기적>은 'Basic-Intermediate-Advanced'의 3단계 레벨로 구성되어 있어서 수준별, 단계별 학습이 가능해요. (본 교재는 Basic)

Basic 초등 영어 **첫걸음**	파닉스를 뗀 후 초등 영어를 시작하는 단계이며, 기본적인 1/2/3형식 영어 문장을 현재시제로 쓰고 익히며 영어의 뼈대를 세웁니다.
Intermediate 초등 영어 **레벨업**	영어 수준을 초등 4~5학년까지 올리는 단계이며, 4/5형식 영어 문장과 함께 의문사, 조동사, 현재진행시제, 과거시제 등을 익힙니다.
Advanced 초등 영어 **끝내기**	영어 수준을 초등 6학년~중학교 1학년까지 올리는 단계이며, 다양한 영어 시제, 동명사, to부정사, 구동사 등을 익힙니다.

Contents 목차

Prep. 학습 시작 전 기본기 다지기

영어 단어 읽는 법, 영어 문장의 어순, 기초 문법 용어 익히기 ···································· 018

Chapter 01 '내가 누구인지' 영어로 말하기

'I am (not) ~'이라는 문장 익히기 (1)

Day 001~010 영어 문장 쓰기 학습 ···································· 028

Chapter 02 '나의 감정과 상태'를 영어로 말하기

'I am (not) ~'이라는 문장 익히기 (2)

Day 011~020 영어 문장 쓰기 학습 ···································· 050

Chapter 03 '너, 그, 그녀'에 대해 영어로 말하기

'You are (not) ~, He/She is (not) ~'이라는 문장 익히기

Day 021~030 영어 문장 쓰기 학습 ···································· 072

Chapter 04 '우리, 그들, 이것, 저것'에 대해 영어로 말하기

'We/They are (not) ~, This/That is (not) ~'이라는 문장 익히기

Day 031~040 영어 문장 쓰기 학습 ···································· 094

Chapter 05 '~이니? ~인가요?'라고 영어로 질문하기

'Am I ~?, Are you/we/they ~?, Is he/she ~?'라는 의문문 익히기

Day 041~050 영어 문장 쓰기 학습 ···································· 116

Chapter 06 '나에게 있는 것과 없는 것'을 영어로 말하기

'I (don't) have ~'라는 문장 익히기

Day 051~060 영어 문장 쓰기 학습 ·· 138

Chapter 07 '내가 좋아하는 것과 싫어하는 것'을 영어로 말하기

'I (don't) like ~'라는 문장 익히기

Day 061~070 영어 문장 쓰기 학습 ·· 160

Chapter 08 '나의 하루 일과'를 영어로 말하기

'I+동사'라는 문장에 다양한 생활 동사를 넣어 말하기

Day 071~080 영어 문장 쓰기 학습 ·· 182

Chapter 09 '너, 그, 그녀, 우리, 그들이 뭘 하는지' 영어로 말하기

'You/He/She/We/They+(don't/doesn't)+동사'라는 문장 익히기

Day 081~090 영어 문장 쓰기 학습 ·· 204

Chapter 10 '~하니? ~하나요?'라고 영어로 질문하기

'Do you/we/they+동사?, Does he/she+동사?'라는 의문문 익히기

Day 091~100 영어 문장 쓰기 학습 ·· 226

부록 영어 단어 INDEX

배웠던 영어 단어들을 알파벳 순으로 한눈에 훑어보기 ·· 248

전체 학습 커리큘럼

학부모님께서 본 교재로 아이와 함께 공부하실 때 아래의 커리큘럼 표를 참고하시면 아이가 배울 핵심 내용이 무엇인지 '명확한 방향성'을 잡으실 수 있어요.

Prep.	Step 1	모음 5개[a, e, i, o, u]를 익힌 뒤 영어 단어 읽기 연습
	Step 2	영어 문장의 어순 및 1/2/3/4/5형식 문장 형태 학습
	Step 3	문법 용어(명사/대명사/동사/형용사/부사/전치사/접속사) 학습
Chapter 01	목표	2형식 문장으로 '내가 누구인지' 말하기
	문장	I am <u>보어(명사)</u>. = 나는 ____이다.
	어휘	a/an+단수명사, 사람의 국적/신분/성격/특징 관련 어휘 학습
Chapter 02	목표	2형식 문장으로 '나의 감정과 상태'를 말하기
	문장	I am <u>보어(형용사)</u>. = 나는 ____(기분·상태)이다.
	어휘	사람의 감정/상태를 나타내는 다양한 형용사 어휘 학습
Chapter 03	목표	2형식 문장으로 '너, 그, 그녀'에 대해 말하기
	문장	• You are <u>보어</u>. = 너는 ____이다. • He/She is <u>보어</u>. = 그는/그녀는 ____이다.
	어휘	복수명사(-s)의 형태, 'my(나의)+명사' 표현 학습
Chapter 04	목표	2형식 문장으로 '우리, 그들, 이것, 저것'에 대해 말하기
	문장	• We/They are <u>보어</u>. = 우리는/그(것)들은 ____이다. • This/That is <u>보어</u>. = 이것은/저것은 ____이다.
	어휘	문법 용어(명사/대명사/동사/형용사/부사/전치사/접속사) 학습
Chapter 05	목표	'be(am/are/is)동사 의문문'으로 '~이니?'라고 질문하기
	문장	• Am I <u>보어</u>? = 내가 ____이니? • Are you/we/they <u>보어</u>? = 너는/우리는/그(것)들은 ____이니? • Is he/she <u>보어</u>? = 그는/그녀는 ____이니?
	어휘	'his(그의)+명사, her(그녀의)+명사' 표현 학습

Chapter 06	목표	3형식 문장으로 '나에게 있는 것, 없는 것' 말하기
	문장	• I have **목적어**. = 나는 ___ 을[를] 갖고 있다. • I don't have **목적어**. = 나는 ___ 을[를] 갖고 있지 않다.
	어휘	일상 속 사물, 동물, 신체 특징, 질병 관련 어휘 학습
Chapter 07	목표	3형식 문장으로 '내가 좋은 것, 싫은 것' 말하기
	문장	• I like **목적어**. = 나는 ___ 을[를] 좋아한다. • I don't like **목적어**. = 나는 ___ 을[를] 좋아하지 않는다.
	어휘	꽃, 과일, 곤충, 음식, 날씨, 계절 관련 어휘 학습
Chapter 08	목표	1형식, 3형식 문장으로 '내가 평소에 뭘 하는지' 말하기
	문장	I+동사+(목적어). = 나는 (~을[를]) ~한다.
	어휘	일상 행동과 관련된 다양한 동사, 전치사(at/with/to/in) 학습
Chapter 09	목표	1형식, 3형식 문장으로 '남들이 평소에 뭘 하는지' 말하기
	문장	• You/We/They+동사+(목적어). 　= 너는/우리는/그들은 (~을[를]) ~한다. • You/We/They+don't+동사+(목적어). 　= 너는/우리는/그들은 (~을[를]) ~하지 않는다. • He/She+동사-s+(목적어) = 그는/그녀는 (~을[를]) ~한다. • He/She+doesn't+동사+(목적어) 　= 그는/그녀는 (~을[를]) ~하지 않는다.
	어휘	일상 행동, 식사, 음식, 영화, 옷 관련 어휘 학습
Chapter 10	목표	'일반동사 의문문'으로 '~하니?'라고 질문하기
	문장	• Do you/we/they+동사+(목적어)? 　= 너는/우리는/그들은 (~을[를]) ~하니? • Does he/she+동사+(목적어)? 　= 그는/그녀는 (~을[를]) ~하니?
	어휘	단체/지역명, 거주지, 운동, 악기 관련 어휘 학습

일일 학습 체크 일지

매일매일 문장 쓰기를 끝마친 뒤엔 '오늘도 내 영어 실력이 이만큼 늘었네!'라고 스스로 칭찬하면서 아래의 일일 학습 체크 일지에 **'오늘의 쓰기 완료!'**라는 체크(O) 표시를 해 보세요. 이렇게 꾸준히 체크해 나가면 나중에 굉장히 뿌듯한 기분이 들고 엄마 아빠에게 '저 이만큼 열심히 해냈어요'라고 보여 주며 자랑도 할 수 있을 거예요.

Prep.	기본기 다지기	
Step 1	Step 2	Step 3

GREAT JOB!

Chapter 01		'내가 누구인지' 영어로 말하기							
DAY 001	DAY 002	DAY 003	DAY 004	DAY 005	DAY 006	DAY 007	DAY 008	DAY 009	DAY 010

Chapter 02		'나의 감정과 상태'를 영어로 말하기							
DAY 011	DAY 012	DAY 013	DAY 014	DAY 015	DAY 016	DAY 017	DAY 018	DAY 019	DAY 020

Chapter 03		'너, 그, 그녀'에 대해 영어로 말하기							
DAY 021	DAY 022	DAY 023	DAY 024	DAY 025	DAY 026	DAY 027	DAY 028	DAY 029	DAY 030

Chapter 04		'우리, 그들, 이것, 저것'에 대해 영어로 말하기							
DAY 031	DAY 032	DAY 033	DAY 034	DAY 035	DAY 036	DAY 037	DAY 038	DAY 039	DAY 040

Chapter 05	'~이니? ~인가요?'라고 영어로 질문하기								
DAY 041	DAY 042	DAY 043	DAY 044	DAY 045	DAY 046	DAY 047	DAY 048	DAY 049	DAY 050

Chapter 06	'나에게 있는 것과 없는 것'을 영어로 말하기								
DAY 051	DAY 052	DAY 053	DAY 054	DAY 055	DAY 056	DAY 057	DAY 058	DAY 059	DAY 060

Chapter 07	'내가 좋아하는 것과 싫어하는 것'을 영어로 말하기								
DAY 061	DAY 062	DAY 063	DAY 064	DAY 065	DAY 066	DAY 067	DAY 068	DAY 069	DAY 070

Chapter 08	'나의 하루 일과'를 영어로 말하기								
DAY 071	DAY 072	DAY 073	DAY 074	DAY 075	DAY 076	DAY 077	DAY 078	DAY 079	DAY 080

Chapter 09	'너, 그, 그녀, 그들이 뭘 하는지' 영어로 말하기								
DAY 081	DAY 082	DAY 083	DAY 084	DAY 085	DAY 086	DAY 087	DAY 088	DAY 089	DAY 090

Chapter 10	'~하니? ~하나요?'라고 영어로 질문하기								
DAY 091	DAY 092	DAY 093	DAY 094	DAY 095	DAY 096	DAY 097	DAY 098	DAY 099	DAY 100

Prep. 학습 시작 전
기본기 다지기

STEP 01

영어 단어 읽고 쓰기

영어를 읽는 데 뼈대가 되는 글자 5개[a, e, i, o, u]를 배운 다음
단어 12개의 발음을 듣고, 말하고, 쓰는 연습을 해 볼 거예요.

fan, ball, vase, star, lemon, ribbon, child
photo, shop, song, tube, thunder

STEP 02

영어 문장의 어순

'어순'이란 문장을 만들기 위해 단어를 배열하는 순서를 말해요.
Step 2에선 영어가 어떤 어순을 가졌는지 공부해 볼 거예요.

주어 + 동사 + 나머지

STEP 03

기본적인 문법 용어

기본적인 문법 용어를 알면 영어를 공부할 때 큰 도움이 돼요.
Step 3에선 기본적인 문법 용어 7개를 공부해 볼 거예요.

명사 | 대명사 | 동사 | 형용사 | 부사 | 전치사 | 접속사

A a	**B b**	**C c**	**D d**	**E e**
에이	비 [ㅂ]	씨 [ㅋ]	디 [ㄷ]	이
F f	**G g**	**H h**	**I i**	**J j**
에프 [ㅍ]	쥐 [ㄱ]	에이취 [ㅎ]	아이	제이 [ㅈ]
K k	**L l**	**M m**	**N n**	**O o**
케이 [ㅋ]	엘 [ㄹ]	엠 [ㅁ]	엔 [ㄴ]	오우
P p	**Q q**	**R r**	**S s**	**T t**
피 [ㅍ]	큐 [ㅋ]	알 [ㄹ]	에스 [ㅅ]	티 [ㅌ]
U u	**V v**	**W w**	**X x**	**Y y**
유	브이 [ㅂ]	더블류 [우]	엑스 [윽스]	와이 [이]

Z z 즈 [ㅈ]	알파벳 26개 중 **[a, e, i, o, u]**는 우리말의 [아/에/이/오/우]와 같이 영어를 읽는 데 뼈대가 되는 글자 5개이며 이들을 '모음'이라고 해요. 그리고 나머지 글자 21개는 영어 단어를 읽을 때 [_] 안에 있는 소리로 발음돼요.

영어 단어 읽고 쓰기

영어 알파벳 26개 중 [a, e, i, o, u]라는 글자 5개를 '모음'이라고 불러요. 이들 모음 5개는 **영어 단어를 읽을 수 있게 하는 뼈대가 되는 글자들**인데, 상황에 따라 발음이 달라져요. 하지만 안 외워도 돼요. <u>공부하면서 자연스레 읽는 법을 알게 돼요.</u> 아래에 나온 단어들을 들어 보면서 모음 5개가 어떻게 발음되는지 이해해 보세요. 그 다음엔 이 단어들을 다시 한 번 듣고 따라 말하며 쓰는 연습도 해 보세요.

QR코드를 휴대폰으로 찍으면 단어들의 발음을 들어 볼 수 있어요.
단어들을 들어 본 다음, 다음 페이지부터 쓰면서 따라 말해 보세요.

a	[애]	fan [팬] 선풍기	[어]	ball [버-얼] 공
	[에이]	vase [베이스] 꽃병	[아]	star [스따-] 별
e	[에]	lemon [레먼] 레몬		
i	[이]	ribbon [뤼번] 리본	[아이]	child [차일드] 어린이
o	[오우]	photo [포우토우] 사진	[아]	shop [샾] 가게
	[어]	song [써-엉] 노래		
u	[우]	tube [투-브] 튜브	[어]	thunder [썬더] 천둥

fan	[팬] 선풍기

F(f)는 윗니를 아랫입술에 붙였다 떼며 공기가 터지듯 [ㅍ(프)] 소리로 발음해요.
따라서 'f[ㅍ]+a[애] = [패]'와 같이 발음돼요.

fan ▸ fan

ball	[버-얼] 공

B(b)는 입술을 붙였다 떼며 목을 부르르 떨면서 [ㅂ(브)] 소리로 발음해요.
따라서 'b[ㅂ]+a[어] = [버]'와 같이 발음돼요.

ball ▸ ball

vase	[베이스] 꽃병

V(v)는 윗니를 아랫입술에 붙였다 떼며 목을 떨면서 [ㅂ(브)] 소리로 발음해요.
따라서 'v[ㅂ]+a[에이] = [베이]'와 같이 발음돼요.

vase ▸ vase

star	[스따-] 별

T(t)는 [ㅌ(트)] 소리로 발음되는데 S(s) 뒤에선 [ㄸ(뜨)] 소리로 거칠게 변해요.
따라서 't[ㄸ]+a[아] = [따]'와 같이 발음돼요.

star ▸ star

lemon	**[레먼] 레몬**

L(l)은 혀 끝을 윗니 뒤쪽 입천장에 댔다가 떼며 [ㄹ(르)] 소리로 발음해요.
따라서 'l[ㄹ]+e[에] = [레]'와 같이 발음돼요.

lemon ▸ lemon

ribbon	**[뤼번] 리본**

R(r)은 혀를 입천장에 안 닿게 뒤로 말았다 앞으로 풀며 [루] 소리로 발음해요.
따라서 'r[루]+i[이] = [루이→뤼]'와 같이 발음돼요.

ribbon ▸ ribbon

child	**[차일드] 어린이**

ch는 [ㅊ(츠)] 소리로 발음돼요. (*S(s) 뒤에선 [ㄲ(끄)]로 발음돼요.)
따라서 'ch[ㅊ]+i[아이] = [차이]'와 같이 발음돼요.

child ▸ child

photo	**[포우토우] 사진**

ph는 F(f)와 똑같이 [ㅍ(프)] 소리로 발음돼요.
따라서 'ph[ㅍ]+i[오우] = [포우]'와 같이 발음돼요.

photo ▸ photo

shop	[샵] 가게

sh는 [쉬] 소리로 발음돼요.
따라서 'sh[쉬]+o[아] = [쉬아→샤]'와 같이 발음되겠죠?

shop ▸ shop

song	[써-엉] 노래

ng가 단어 끝에 오면 [o] 받침소리처럼 발음돼요.
따라서 'o[어]+ng[o] = [엉]'과 같이 발음되겠죠?

song ▸ song

tube	[투-브] 튜브

tube는 't[ㅌ]+u[우] = [투]'와 같이 발음돼요.
(*미국이 아닌 다른 어떤 나라에선 [투]가 아닌 [츄]로 발음해요.)

tube ▸ tube

thunder	[썬더] 천둥

th는 혀 끝을 이빨로 살짝 물었다가 뒤로 빼며 [ㅆ(쓰)]처럼 발음해요.
따라서 'th[ㅆ]+u[어] = [써]'와 같이 발음돼요.

thunder ▸ thunder

영어 문장의 어순

'어순'은 문장을 만들기 위해 **단어를 배열하는 순서**를 말해요. 예를 들어 우리말은 '나는+너를+사랑한다'와 같은 순서로 단어를 배열해 문장을 만들지만, 영어는 이와 반대로 '나는+사랑한다+너를'과 같은 순서로 단어를 배열해 문장을 만들어요.

[우리말] 나는 너를 사랑한다
[영어]   나는 사랑한다 너를
           I   love   **you**

영어 문장의 어순

주어 + 동사 + 나머지

주어		문장의 주인공이에요. → ~은[는], ~이[가]
동사		주어가 하는 행동, 주어가 무엇인지 설명하는 말이에요. → ~한다, ~이다
나머지	목적어	주어가 행동을 가하는 대상이에요. → ~을[를], ~에게
	보어	주어·목적어가 무엇이고 어떠한지 보충 설명해 주는 말이에요.

1형식	'주어는 ~한다'라는 뜻의 가장 기본적인 문장이에요.	
	주어	동사
	I 나는	sing 노래한다

2형식	'주어는 ~(라는 사람·사물·성질·상태)이다'라는 뜻의 문장이에요.		
	주어	동사	보어
	I 나는	am 이다	Kai 카이

3형식	'주어는 ~을[를] ~한다'라는 뜻의 문장이에요.		
	주어	동사	목적어
	I 나는	love 사랑한다	you 너를

4형식	'주어는 ~에게 ~을[를] ~한다'라는 뜻의 문장이에요.			
	주어	동사	간접 목적어	직접 목적어
	I 나는	give 준다	him 그에게	love 사랑을

5형식	'주어는 ~을[를] ~(가 되)게 ~한다'라는 뜻의 문장이에요.			
	주어	동사	목적어	보어
	I 나는	make 만든다	her 그녀를	smile 미소 짓게

STEP 3

기본적인 문법 용어

오늘은 영어 공부에 도움이 되는 기본적인 문법 용어 7개를 소개할게요. 외우지 않아도 돼요. 한 번 읽고 '아, 이런 거구나'하고 가볍게 이해하고 넘어가면 돼요.

★ 명사

명사란 '강아지, 학교'와 같은 다양한 동물·사물, 혹은 '선생님, 엄마'와 같은 다양한 신분의 사람, '사랑, 소망'과 같은 다양한 생각·개념에 붙어 있는 '이름'을 말해요. 쉽게 말해서 세상 모든 것들에 붙어 있는 '이름'이라고 생각하면 돼요.

puppy (강아지)	**teacher** (선생님)	**love** (사랑)
school (학교)	**mother** (엄마)	**wish** (소망)

★ 대명사

대명사란 '진수 → 그 / 민지 → 그녀 / 진수와 민지 → 그들 / (책상 위) 연필 → 저것'과 같이 명사를 가리킬 때 명사의 이름 대신 쓸 수 있는 말이에요.

I (나)	**he** (그)	**this** (이것)
you (너, 당신)	**she** (그녀)	**that** (저것)
we (우리)	**they** (그들, 그것들)	**it** (그것)

★ 동사

동사란 '먹다, 자다, 읽다, 말하다, 생각하다, 공부하다'와 같이 '~하다'라는 다양한 행동을 나타내는 말, 혹은 '~이다'와 같이 상태를 나타내는 말이에요.

eat (먹다) / sleep (자다)   I am _____. (나는 _____이다.)

read (읽다) / speak (말하다)   You are _____. (너는 _____이다.)

think (생각하다) / study (공부하다)   He is _____. (그는 _____이다.)

★ 형용사

형용사란 '귀여운 강아지, 친절한 선생님'과 같이 (대)명사를 꾸미거나 '나는 피곤하다, 너는 예쁘다'와 (대)명사의 성질·상태를 설명해 주는 말이에요.

cute puppy (귀여운 강아지) / kind teacher (친절한 선생님)

I am tired. (나는 피곤하다.) / You are pretty. (너는 예쁘다.)

★ 부사

부사란 '너무 귀여운, 아주 친절한'과 같이 형용사를 강조하거나 '나는 빨리 달린다, 너는 느리게 말한다'와 같이 동사를 강조하는 말이에요.

so cute (너무 귀여운) / very kind (아주 친절한)

I read fast. (나는 빨리 읽는다.) / You speak slowly. (너는 느리게 말한다)

★ 전치사, 접속사

전치사란 '7시에, 학교로, 너와 함께'와 같이 (대)명사 앞에 붙어서 (대)명사의 위치·상태를 나타내 주는 말이며, 접속사란 '나와 너, 주스 또는 커피'와 같이 2개 이상의 단어나 표현, 문장을 연결해 주는 말이에요.

at seven (7시에) / with you (너와 함께) / to school (학교로)

you and me (나와 너) / juice or coffee (주스 또는 커피)

CHAPTER 01

내가 누구인지 영어로 말하기

오늘 써 볼 영어 문장

DAY 001
I am Kai.
저는 카이예요.

DAY 002
I am Korean.
저는 한국인이에요.

DAY 003
I'm a student.
저는 학생이에요.

DAY 004
I'm a cook.
저는 요리사예요.

DAY 005
I'm a happy person.
저는 행복한 사람이에요.

DAY 006
I'm a good singer.
저는 노래를 잘해요.

DAY 007
I'm an only child.
저는 외동아들[외동딸]이에요.

DAY 008
I'm not American.
저는 미국인이 아니에요.

DAY 009
I'm not a liar.
저는 거짓말쟁이가 아니에요.

DAY 010
I'm not a lazy person.
저는 게으른 사람이 아니에요.

학습 목표 & 주요 내용

- '나의 이름'을 영어로 말하기
  - 문장 주어 + 동사 + 보어(명사) 단어 I, am, Kai

- '나의 국적'을 영어로 말하기
  - 문장 주어 + 동사 + 보어(명사) 단어 I am, Korean, Korea

- '나의 신분'을 영어로 말하기
  - 문장 주어 + 동사 + 보어(명사) 단어 I'm, student, a student

- '나의 (미래의) 직업'을 영어로 말하기
  - 문장 주어 + 동사 + 보어(명사) 단어 cook, doctor, police

- 내가 어떤 사람인지 영어로 말하기 (1)
  - 문장 주어 + 동사 + 보어(명사) 단어 happy, unhappy, person

- 내가 어떤 사람인지 영어로 말하기 (2)
  - 문장 주어 + 동사 + 보어(명사) 단어 good, bad, singer

- 내가 어떤 사람인지 영어로 말하기 (3)
  - 문장 주어 + 동사 + 보어(명사) 단어 only, child, only child

- 내가 어떤 사람이 아닌지 영어로 말하기 (1)
  - 문장 주어 + 동사 + not + 보어(명사) 단어 I'm not, American, America

- 내가 어떤 사람이 아닌지 영어로 말하기 (2)
  - 문장 주어 + 동사 + not + 보어(명사) 단어 liar, fool, coward

- 내가 어떤 사람이 아닌지 영어로 말하기 (3)
  - 문장 주어 + 동사 + not + 보어(명사) 단어 lazy, nervous, picky

오늘은 '나는 ~이다'라는 뜻의 I am으로
'나의 이름'이 무엇인지 영어로 말해 봅시다.

I am Kai.

저는 카이예요.

I = 나 / am = ~이다

I am ____ = 나는 ____이다

I am 뒤에 나의 이름을 넣어 말하면

내 이름을 소개하는 표현이 돼요.

그럼 Kai라는 영어 이름을 넣어 한번 말해 볼까요?

▼

주어	동사	보어
I 나는	am ~이다	Kai 카이

▼

I am Kai.

나는 카이이다.

▼

저는 카이예요.

새로운 단어 듣고 써 보기

MP3_001

새로 배운 단어들의 발음을 듣고 소리 내어 말하며 몇 번씩 써 보세요.

I	나

I ▶

am	~이다

am ▶ am

Kai	카이 (영어 이름 중 하나)

Kai ▶ Kai

오늘의 문장 듣고 써 보기

MP3_002

오늘 만든 문장의 전체 발음을 듣고 소리 내어 말하며 스스로 써 보세요.

I am Kai.

오늘의 쓰기 날짜   월   일

오늘은 '나는 ~이다'라는 뜻의 I am으로
'나의 국적'이 무엇인지 영어로 말해 봅시다.

I am Korean.

저는 한국인이에요.

Korean = 한국인

I am **Korean**. = 나는 <u>한국인</u>이다.

영어로 '국적'을 말하고 쓸 땐 위와 같이

앞 글자를 항상 대문자로 써야 해요.

(*나라 이름도 앞 글자가 항상 대문자예요. (예시) <u>K</u>orea = 한국)

▼

주어	동사	보어
I	am	**Korean**
나는	~이다	한국인

▼

I am **Korean**.

나는 <u>한국인</u>이다.

▼

저는 한국인이에요.

새로운 단어 듣고 써 보기

MP3_003

새로 배운 단어들의 발음을 듣고 소리 내어 말하며 몇 번씩 써 보세요.

I am	나는 ~이다

I am ▶ I am

Korean	한국인

Korean ▶ Korean

Korea	한국 (Korean에서 n만 빼면 돼요.)

Korea ▶ Korea

오늘의 문장 듣고 써 보기

MP3_004

오늘 만든 문장의 전체 발음을 듣고 소리 내어 말하며 스스로 써 보세요.

I am Korean.

오늘은 '나는 ~이다'라는 뜻의 I am으로
'나의 신분'이 무엇인지 영어로 말해 봅시다.

I'm a student.

저는 학생이에요.

---

student (학생) → **a student** (1명의 학생)

'학교에서 공부하는 사람 = 학생(**student**)'과 같이

어떤 대상을 가리키는 이름[명칭]을 '명사'라고 해요.

그리고 영어에선 명사가 1개[1명]일 땐 앞에 **a**를 붙여 말해요.

(*하지만 '개개인의 이름, 국적, 나라 이름' 앞엔 **a**를 안 붙여요.)

▼

주어	동사	보어
I	am	a student
나는	~이다	1명의 학생

▼

I'm(=I am) **a student.**

나는 1명의 학생이다.

▼

저는 학생이에요.

MP3_005

새로 배운 단어들의 발음을 듣고 소리 내어 말하며 몇 번씩 써 보세요.

I'm	나는 ~이다 ('I am'의 줄임말)

I'm ▸ I'm

student	학생

student ▸ student

a student	1명의 학생

a student ▸ a student

오늘의 문장 듣고 써 보기

MP3_006

오늘 만든 문장의 전체 발음을 듣고 소리 내어 말하며 스스로 써 보세요.

I'm a student.

오늘의 쓰기 날짜   월   일

오늘은 '나는 ~이다'라는 뜻의 I am으로
'나의 (미래의) 직업'도 영어로 말해 봅시다.

I'm a cook.

저는 요리사예요.

cook = 요리사

I am **a cook.** = 나는 1명의 요리사이다.

'나 = 1명'이니 **cook** 앞에 **a**를 붙여 말해야 하겠죠?

그리고 **cook** 외에 다른 직업도 넣어 말해 보세요.

(예시) **doctor** = 의사 / **police** = 경찰

▼

주어	동사	보어
I 나는	am ~이다	a cook 1명의 요리사

▼

I'm **a cook.**

나는 1명의 요리사이다.

▼

저는 요리사예요.

새로운 단어 듣고 써 보기

MP3_007

새로 배운 단어들의 발음을 듣고 소리 내어 말하며 몇 번씩 써 보세요.

cook	요리사

cook ▸ cook

doctor	의사

doctor ▸ doctor

police	경찰

police ▸ police

오늘의 문장 듣고 써 보기

MP3_008

오늘 만든 문장의 전체 발음을 듣고 소리 내어 말하며 스스로 써 보세요.

I'm a cook.

오늘은 '형용사(명사를 꾸며 주는 말)'을 이용해
'~한 사람'이라고 영어로 말해 봅시다.

I'm a happy person.

저는 행복한 사람이에요.

person = 사람

happy person = 행복한 사람

'happy(행복한)'과 같이 명사 앞에 붙어서 '~한'이라고
명사를 꾸며 주는 말을 '형용사'라고 해요.
(*happy 앞에 un을 붙이면 'unhappy(불행한)'이 돼요.)

▼

주어	동사	보어
I 나는	am ~이다	a happy person 1명의 행복한 사람

▼

I'm a happy person.

나는 1명의 행복한 사람이다.

▼

저는 행복한 사람이에요.

MP3_009

새로 배운 단어들의 발음을 듣고 소리 내어 말하며 몇 번씩 써 보세요.

happy	행복한

happy ▸ happy

unhappy	불행한

unhappy ▸ unhappy

person	사람

person ▸ person

오늘의 문장 듣고 써 보기

MP3_010

오늘 만든 문장의 전체 발음을 듣고 소리 내어 말하며 스스로 써 보세요.

I'm a happy person.

오늘의 쓰기 날짜   월   일

오늘은 good이라는 형용사를 써서
'~을[를] 잘한다'고 영어로 말해 봅시다.

I'm a good singer.

저는 노래를 잘해요.

singer = 가수

good singer = (노래를) 잘하는 가수

good은 '(어떤 일을) 잘하는'이라는 뜻으로도 쓰이고

'(내용이) 좋은'이라는 뜻으로도 쓰이는 형용사예요.

(*이와 반대로 '못하는; 나쁜'은 영어로 **bad**라고 해요.)

▼

주어	동사	보어
I	am	a good singer
나는	~이다	1명의 (노래를) 잘하는 가수

▼

I'm a good singer.

나는 1명의 (노래를) 잘하는 가수이다.

▼

저는 노래를 잘해요.

새로 배운 단어들의 발음을 듣고 소리 내어 말하며 몇 번씩 써 보세요.

| good | 잘하는; 좋은 |

good ▸ good

| bad | 못하는; 나쁜 |

bad ▸ bad

| singer | 가수 |

singer ▸ singer

오늘의 문장 듣고 써 보기

오늘 만든 문장의 전체 발음을 듣고 소리 내어 말하며 스스로 써 보세요.

I'm a good singer.

· DAY ·
007

오늘의 쓰기 날짜   월   일

오늘은 only라는 형용사를 써서
'외동아들, 외동딸'이라고 영어로 말해 봅시다.

I'm an only child.

저는 외동아들[외동딸]이에요.

child = 자녀 / only = 유일한

only child = 유일한 자녀

'유일한 자녀'라는 말은 곧 '외동아들, 외동딸'을 뜻해요.

그리고 명사 중 첫 글자가 'a, e, i, o, u'로 시작되는 명사는

개수가 1개[1명]일 때 a 대신 an을 붙여 말해요.

▼

주어	동사	보어
I	**am**	**an only child**
나는	~이다	1명의 유일한 자녀

▼

I'm an only child.

나는 1명의 유일한 자녀이다.

▼

저는 외동아들[외동딸]이에요.

40

새로운 단어 듣고 써 보기

MP3_013

새로 배운 단어들의 발음을 듣고 소리 내어 말하며 몇 번씩 써 보세요.

only	유일한

only ▸ only

child	자녀; 어린이

child ▸ child

only child	외동아들, 외동딸

only child ▸ only child

오늘의 문장 듣고 써 보기

MP3_014

오늘 만든 문장의 전체 발음을 듣고 소리 내어 말하며 스스로 써 보세요.

I'm an only child.

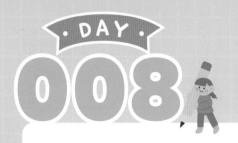

오늘의 쓰기 날짜　　월　　일

오늘은 I am 뒤에 not을 붙여서
'나는 ~이[가] 아니다'라고 영어로 말해 봅시다.

I'm not American.

저는 미국인이 아니에요.

I am 뒤에 'not(아니다)'를 붙이면?

I am not ____ = 나는 ____이[가] 아니다

I am not 뒤에 'American(미국인)'을 넣어

'저는 미국인이 아니에요'라고 말해 볼까요?

(*'미국'이라는 나라 이름은 영어로 America라고 해요.)

▼

주어	동사	보어
I	am not	American
나는	~이[가] 아니다	미국인

▼

I'm not American.

나는 미국인이 아니다.

▼

저는 미국인이 아니에요.

새로운 단어 듣고 써 보기

MP3_015

새로 배운 단어들의 발음을 듣고 소리 내어 말하며 몇 번씩 써 보세요.

I'm not	나는 ~이[가] 아니다

I'm not ▸ I'm not

American	미국인

American ▸ American

America	미국 (American에서 n만 빼면 돼요.)

America ▸ America

오늘의 문장 듣고 써 보기

MP3_016

오늘 만든 문장의 전체 발음을 듣고 소리 내어 말하며 스스로 써 보세요.

I'm not American.

오늘의 쓰기 날짜   월   일

오늘은 I am not을 써서 내가 어떠한 나쁜 사람,
못난 사람이 아니라고 영어로 말해 봅시다.

I'm not a liar.

저는 거짓말쟁이가 아니에요.

liar = 거짓말쟁이

I am not a liar. = 나는 1명의 거짓말쟁이가 아니다.

'나 = 1명'이니 liar 앞에도 a를 붙여 말해야 하겠죠?

liar 대신 아래의 표현들을 써서 말해 볼 수도 있어요.

fool = 바보 / coward = 겁쟁이

▼

주어	동사	보어
I 나는	**am not** ~이[가] 아니다	**a liar** 1명의 거짓말쟁이

▼

I'm not a liar.

나는 1명의 거짓말쟁이가 아니다.

▼

저는 거짓말쟁이가 아니에요.

새로운 단어 듣고 써 보기

MP3_017

새로 배운 단어들의 발음을 듣고 소리 내어 말하며 몇 번씩 써 보세요.

| liar | 거짓말쟁이 |

liar ▸ liar

| fool | 바보 |

fool ▸ fool

| coward | 겁쟁이 |

coward ▸ coward

오늘의 문장 듣고 써 보기

MP3_018

오늘 만든 문장의 전체 발음을 듣고 소리 내어 말하며 스스로 써 보세요.

I'm not a liar.

45

오늘은 person(사람) 앞에 형용사를 붙여서
'나는 ~한 사람이 아니다'라고 영어로 말해 봅시다.

I'm not a lazy person.

저는 게으른 사람이 아니에요.

person = 사람 / lazy = 게으른

lazy person = 게으른 사람

'나 = 1명'이니 lazy person 앞에도 a를 붙여 말해야 하겠죠?

lazy 대신 아래의 형용사를 붙여 말해 볼 수도 있어요.

nervous = 신경질적인 / picky = 까다로운

▼

주어	동사	보어
I 나는	am not ~이[가] 아니다	a lazy person 1명의 게으른 사람

▼

I'm not **a lazy person.**

나는 **1명의 게으른 사람**이 아니다.

▼

저는 게으른 사람이 아니에요.

새로운 단어 듣고 써 보기

MP3_019

새로 배운 단어들의 발음을 듣고 소리 내어 말하며 몇 번씩 써 보세요.

lazy	게으른

lazy ▸ lazy

nervous	신경질적인

nervous ▸ nervous

picky	까다로운

picky ▸ picky

오늘의 문장 듣고 써 보기

MP3_020

오늘 만든 문장의 전체 발음을 듣고 소리 내어 말하며 스스로 써 보세요.

I'm not a lazy person.

CHAPTER 02 나의 감정과 상태를 영어로 말하기

	오늘 써 볼 영어 문장
DAY 011	**I'm glad.** 저는 기뻐요.
DAY 012	**I'm touched.** 저는 감동 받았어요.
DAY 013	**I'm so hungry.** 저는 너무 배고파요.
DAY 014	**I'm too full.** 저는 너무 배불러요.
DAY 015	**I'm very busy.** 저는 아주 바빠요.
DAY 016	**I'm really excited.** 저는 정말 신나요.
DAY 017	**I'm not upset.** 저는 속상하지 않아요.
DAY 018	**I'm not that tired.** 저는 그렇게 피곤하지 않아요.
DAY 019	**I'm not lonely anymore.** 저는 더 이상 외롭지 않아요.
DAY 020	**I'm not sure yet.** 저는 아직 확신하지 않아요.

학습 목표 & 주요 내용

- 나의 감정·상태를 영어로 말하기 (1)
- `문장` 주어 + 동사 + 보어(형용사)   `단어` glad, sad, angry

- 나의 감정·상태를 영어로 말하기 (2)
- `문장` 주어 + 동사 + 보어(형용사)   `단어` touched, worried, bored

- 나의 감정·상태를 '강조해서' 영어로 말하기 (1)
- `문장` 주어 + 동사 + 보어(형용사)   `단어` so, hungry, so hungry

- 나의 감정·상태를 '강조해서' 영어로 말하기 (2)
- `문장` 주어 + 동사 + 보어(형용사)   `단어` too, full, too full

- 나의 감정·상태를 '강조해서' 영어로 말하기 (3)
- `문장` 주어 + 동사 + 보어(형용사)   `단어` very, busy, very busy

- 나의 감정·상태를 '강조해서' 영어로 말하기 (4)
- `문장` 주어 + 동사 + 보어(형용사)   `단어` really, excited, really excited

- 나의 감정·상태가 어떻지 않은지 영어로 말하기
- `문장` 주어 + 동사 + not + 보어(형용사)   `단어` upset, sleepy, scared

- 나의 감정·상태가 어떻지 않은지 '강조해서' 영어로 말하기 (1)
- `문장` 주어 + 동사 + not + 보어(형용사)   `단어` that, tired, cold

- 나의 감정·상태가 어떻지 않은지 '강조해서' 영어로 말하기 (2)
- `문장` 주어 + 동사 + not + 보어(형용사) + 부사   `단어` anymore, lonely, afraid

- 나의 감정·상태가 어떻지 않은지 '강조해서' 영어로 말하기 (3)
- `문장` 주어 + 동사 + not + 보어(형용사) + 부사   `단어` yet, sure, familiar

DAY 011

오늘의 쓰기 날짜   월   일

오늘은 '감정·상태를 나타내는 형용사'를 써서
내가 느끼는 감정을 영어로 말해 봅시다.

I'm glad.

저는 기뻐요.

I am 뒤에 '감정·상태를 나타내는 형용사'를 넣어 말하면?

I am 감정·상태 형용사 = 나는 ＿＿＿＿＿(기분·상태)이다

I am 뒤에 다양한 감정·상태 형용사를 넣어 말하면

나의 다양한 감정·상태를 표현할 수 있어요.

(예시) **glad** = 기쁜 / **sad** = 슬픈 / **angry** = 화나는

▼

주어	동사	보어
I 나는	**am** ~이다	**glad** 기쁜 (기분)

▼

I'm glad.

나는 기쁜 (기분)이다.

▼

저는 기뻐요.

50

새로운 단어 듣고 써 보기

새로 배운 단어들의 발음을 듣고 소리 내어 말하며 몇 번씩 써 보세요.

glad	기쁜

glad ▸ glad

sad	슬픈

sad ▸ sad

angry	화나는

angry ▸ angry

오늘의 문장 듣고 써 보기

오늘 만든 문장의 전체 발음을 듣고 소리 내어 말하며 스스로 써 보세요.

I'm glad.

오늘의 쓰기 날짜　　월　　일

오늘은 '-ed'로 끝나는 감정·상태 형용사를 써서
나의 감정·상태를 영어로 말해 봅시다.

I'm touched.

저는 감동받았어요.

영어에선 '**-ed**'로 끝나는 감정·상태 형용사가 많아요.

'**-ed**'로 끝나는 감정·상태 형용사는 '~하게 된'이라고 잘 해석돼요.

worried = 걱정하게 된 → 걱정되는

bored = 지루하게 된 → 지루한

touched = 감동하게 된 → 감동받은

▼

주어	동사	보어
I	am	**touched**
나는	~이다	감동받은 (기분)

▼

I'm **touched**.

나는 <u>감동받은 (기분)</u>이다.

▼

저는 감동받았어요.

새로운 단어 듣고 써 보기

새로 배운 단어들의 발음을 듣고 소리 내어 말하며 몇 번씩 써 보세요.

touched	감동받은

touched ▸ touched

worried	걱정되는

worried ▸ worried

bored	지루한

bored ▸ bored

오늘의 문장 듣고 써 보기

오늘 만든 문장의 전체 발음을 듣고 소리 내어 말하며 스스로 써 보세요.

I'm touched.

오늘은 so라는 부사를 사용하여
나의 감정·상태를 '좀 더 강조'해서 말해 봅시다.

I'm so hungry.

저는 너무 배고파요.

hungry = 배고픈

so hungry = 너무[정말] 배고픈

'**so**(너무, 정말)'과 같이 형용사 앞에 붙어서

형용사를 강조해 주는 말을 '부사'라고 해요.

앞서 배운 다른 감정·상태 형용사에도 붙여 쓸 수 있겠죠?

▼

주어	동사	보어
I 나는	am ~이다	**so hungry** 너무[정말] 배고픈 (상태)

▼

I'm **so hungry**.

나는 너무[정말] 배고픈 (상태)이다.

▼

저는 너무 배고파요.

새로운 단어 듣고 써 보기

MP3_025

새로 배운 단어들의 발음을 듣고 소리 내어 말하며 몇 번씩 써 보세요.

so	너무, 정말

so ▸ so

hungry	배고픈

hungry ▸ hungry

so hungry	너무 배고픈

so hungry ▸ so hungry

오늘의 문장 듣고 써 보기

MP3_026

오늘 만든 문장의 전체 발음을 듣고 소리 내어 말하며 스스로 써 보세요.

I'm so hungry.

오늘의 쓰기 날짜   월   일

오늘은 too라는 부사를 사용하여
'너무 (심하게)'라고 강조하며 말해 봅시다.

I'm too full.

저는 너무 배불러요.

full = 배부른

too full = 너무[심하게] 배부른

too 역시 앞서 배운 **so**처럼 '너무'라고 해석되는 부사인데,

too는 주로 '너무 심하게[과하게]' 느껴져서

주로 안 좋은 느낌이 들 때 사용하는 부사예요.

▼

주어	동사	보어
I	**am**	**too full**
나는	~이다	너무[심하게] 배부른 (상태)

▼

I'm **too full**.

나는 너무[심하게] 배부른 (상태)이다.

▼

저는 너무 배불러요.

MP3_027

새로 배운 단어들의 발음을 듣고 소리 내어 말하며 몇 번씩 써 보세요.

too	너무 (심하게)

too ▸ too

full	배부른

full ▸ full

too full	너무 (심하게) 배부른

too full ▸ too full

MP3_028

오늘 만든 문장의 전체 발음을 듣고 소리 내어 말하며 스스로 써 보세요.

I'm too full.

오늘은 very라는 부사를 사용하여
'아주, 매우'라고 강조하며 말해 봅시다.

I'm very busy.

저는 아주 바빠요.

busy = 바쁜

very busy = 아주 바쁜

very는 형용사 앞에 붙어서

'아주, 매우'라고 강조해 주는 부사예요.

앞서 배운 다른 감정·상태 형용사에도 붙여 쓸 수 있겠죠?

▼

주어	동사	보어
I 나는	am ~이다	very busy 아주 바쁜 (상태)

▼

I'm very busy.

나는 아주 바쁜 (상태)이다.

▼

저는 아주 바빠요.

새로운 단어 듣고 써 보기

MP3_029

새로 배운 단어들의 발음을 듣고 소리 내어 말하며 몇 번씩 써 보세요.

| very | 아주, 매우 |

very ▶ very

| busy | 바쁜 |

busy ▶ busy

| very busy | 아주[매우] 바쁜 |

very busy ▶ very busy

오늘의 문장 듣고 써 보기

MP3_030

오늘 만든 문장의 전체 발음을 듣고 소리 내어 말하며 스스로 써 보세요.

I'm very busy.

오늘은 really라는 부사를 사용하여
'정말, 진짜'라고 강조하며 말해 봅시다.

I'm really excited.

저는 정말 신나요.

excited = 신나는

really excited = 정말 신나는

really는 형용사 앞에 붙어서

'정말, 진짜'라고 강조해 주는 부사예요.

앞서 배운 다른 감정·상태 형용사에도 붙여 쓸 수 있겠죠?

▼

주어	동사	보어
I 나는	am ~이다	really excited 정말 신나는 (기분)

▼

I'm really excited.

나는 정말 신나는 (기분)이다.

▼

저는 정말 신나요.

MP3_031

새로 배운 단어들의 발음을 듣고 소리 내어 말하며 몇 번씩 써 보세요.

| really | 정말, 진짜 |

really ▸ really

| excited | 신나는 |

excited ▸ excited

| really excited | 정말[진짜] 신나는 |

really excited ▸ really excited

오늘의 문장 듣고 써 보기

MP3_032

오늘 만든 문장의 전체 발음을 듣고 소리 내어 말하며 스스로 써 보세요.

I'm really excited.

오늘은 I am not이란 표현을 써서
'나는 ~(기분·상태)가 아니다'라고 말해 봅시다.

I'm not upset.

저는 속상하지 않아요.

I am not 뒤에 감정·상태 형용사를 넣어 말하면?

I am not 감정·상태 형용사 = 나는 _____(기분·상태)가 아니다

I am not 뒤에 다양한 감정·상태 형용사를 넣어 말하면

'나는 (감정·상태가) ~이지 않다'라고 표현할 수 있어요.

(예시) upset = 속상한 / sleepy = 졸린 / scared = 무서운

▼

주어	동사	보어
I 나는	am not ~이[가] 아니다	upset 속상한 (기분)

▼

I'm not upset.

나는 속상한 (기분)이 아니다.

▼

저는 속상하지 않아요.

새로운 단어 듣고 써 보기

MP3_033

새로 배운 단어들의 발음을 듣고 소리 내어 말하며 몇 번씩 써 보세요.

upset	속상한

upset ▸ upset

sleepy	졸린

sleepy ▸ sleepy

scared	무서운

scared ▸ scared

오늘의 문장 듣고 써 보기

MP3_034

오늘 만든 문장의 전체 발음을 듣고 소리 내어 말하며 스스로 써 보세요.

I'm not upset.

오늘의 쓰기 날짜　　월　일

오늘은 that이라는 부사를 사용하여
'나는 그렇게 ~하지 않다'고 말해 봅시다.

I'm not that tired.

저는 그렇게 피곤하지 않아요.

that + 감정·상태 형용사 = 그렇게 ~한

감정·상태 형용사 앞에 'that(그렇게)'를 붙인 뒤

I am not 뒤에 넣어 말하면

'나는 그렇게 ~하지 않다'라고 말할 수 있어요.

(예시) **that tired** = 그렇게 피곤한 / **that cold** = 그렇게 추운

▼

주어	동사	보어
I	am not	that tired
나는	~이[가] 아니다	그렇게 피곤한 (상태)

▼

I'm not that tired.

나는 그렇게 피곤한 (상태)가 아니다.

▼

저는 그렇게 피곤하지 않아요.

새로운 단어 듣고 써 보기

새로 배운 단어들의 발음을 듣고 소리 내어 말하며 몇 번씩 써 보세요.

that	그렇게, 그 정도로

that ▸ that

tired	피곤한

tired ▸ tired

cold	추운

cold ▸ cold

오늘의 문장 듣고 써 보기

오늘 만든 문장의 전체 발음을 듣고 소리 내어 말하며 스스로 써 보세요.

I'm not that tired.

019

오늘의 쓰기 날짜   월   일

오늘은 anymore이란 표현을 사용하여
'더 이상 ~하지 않다'고 영어로 말해 봅시다.

I'm not lonely anymore.

저는 더 이상 외롭지 않아요.

---

anymore = 더 이상

'**anymore**(더 이상)'을 '**I am not ~**' 뒤에 붙여 말하면

내 감정·상태가 '더 이상 어떻지 않다'라고 강조하는 표현이 돼요.

그럼 아래의 형용사 중 하나를 써서 문장을 만들어 볼까요?

lonely = 외로운 / **afraid** = 두려운

▼

주어	동사	보어	부사
I	**am not**	**lonely**	**anymore**
나는	~이[가] 아니다	외로운 (상태)	더 이상

▼

I'm not lonely anymore.

더 이상 나는 외로운 (상태)가 아니다.

▼

저는 더 이상 외롭지 않아요.

새로운 단어 듣고 써 보기

새로 배운 단어들의 발음을 듣고 소리 내어 말하며 몇 번씩 써 보세요.

| **anymore** | 더 이상 |

anymore ▸ anymore

| **lonely** | 외로운 |

lonely ▸ lonely

| **afraid** | 두려운 |

afraid ▸ afraid

오늘의 문장 듣고 써 보기

오늘 만든 문장의 전체 발음을 듣고 소리 내어 말하며 스스로 써 보세요.

I'm not lonely anymore.

오늘의 쓰기 날짜　　월　　일

오늘은 yet이란 표현을 사용하여
'아직 ~하지 않다'고 영어로 말해 봅시다.

I'm not sure yet.

저는 아직 확신하지 않아요.

yet = 아직

'**yet**(아직)'을 '**I am not ~**' 뒤에 붙여 말하면

내 감정·상태가 '아직 어떻지 않다'라고 강조하는 표현이 돼요.

그럼 아래의 형용사 중 하나를 써서 문장을 만들어 볼까요?

sure = 확신하는 / **familiar** = 익숙한

▼

주어	동사	보어	부사
I	**am not**	**sure**	**yet**
나는	~이[가] 아니다	확신하는 (상태)	아직

▼

I'm not sure yet.

아직 나는 확신하는 (상태)가 아니다.

▼

저는 아직 확신하지 않아요.

새로운 단어 듣고 써 보기

새로 배운 단어들의 발음을 듣고 소리 내어 말하며 몇 번씩 써 보세요.

yet	아직

yet ▸ yet

sure	확신하는

sure ▸ sure

familiar	익숙한

familiar ▸ familiar

오늘의 문장 듣고 써 보기

MP3_040

오늘 만든 문장의 전체 발음을 듣고 소리 내어 말하며 스스로 써 보세요.

I'm not sure yet.

CHAPTER 03

너, 그, 그녀에 대해 영어로 말하기

	오늘 써 볼 영어 문장
DAY 021	**You are a good friend.** 너는 좋은 친구야.
DAY 022	**You're so kind.** 당신은 정말 친절해요.
DAY 023	**You're not alone.** 당신은 혼자가 아니에요.
DAY 024	**He is my friend.** 그는 제 친구예요.
DAY 025	**He's my brother.** 그는 제 남동생[오빠/형]이에요.
DAY 026	**He's not my father.** 그는 제 아버지가 아니에요.
DAY 027	**She is my best friend.** 그녀는 저의 가장 친한 친구예요.
DAY 028	**She's very pretty.** 그녀는 참 예뻐요.
DAY 029	**She's not my grandmother.** 그녀는 제 할머니가 아니에요.
DAY 030	**She's so cute.** 강아지가 너무 귀여워요.

학습 목표 & 주요 내용

- '너는[당신은] ~이다'라고 영어로 말하기 (1)
- 문장 주어 + 동사 + 보어(명사)   단어 You, are, friend

- '너는[당신은] ~이다'라고 영어로 말하기 (2)
- 문장 주어 + 동사 + 보어(형용사)   단어 You're, kind, brave

- '너는[당신은] ~이[가] 아니다'라고 영어로 말하기
- 문장 주어 + 동사 + not + 보어(형용사)   단어 You're not, alone, stupid

- '그는 ~이다'라고 영어로 말하기 (1)
- 문장 주이 + 동사 + 보어(명사)   단어 He, is, my friend

- '그는 ~이다'라고 영어로 말하기 (2)
- 문장 주어 + 동사 + 보어(명사)   단어 He's, brother, sister

- '그는 ~이[가] 아니다'라고 영어로 말하기
- 문장 주어 + 동사 + not + 보어(명사)   단어 He's not, father, mother

- '그녀는 ~이다'라고 영어로 말하기 (1)
- 문장 주어 + 동사 + 보어(명사)   단어 She, best, best friend

- '그녀는 ~이다'라고 영어로 말하기 (2)
- 문장 주어 + 동사 + 보어(형용사)   단어 She's, pretty, beautiful

- '그녀는 ~이[가] 아니다'라고 영어로 말하기
- 문장 주어 + 동사 + not + 보어(명사)   단어 She's not, grandmother, grandfather

- [암컷/수컷 애완동물인] 그/그녀는 ~이다'라고 영어로 말하기
- 문장 주어 + 동사 + 보어(형용사)   단어 cute, adorable, gentle

오늘의 쓰기 날짜　　월　　일

오늘은 '너는 ~이다'라는 뜻의 'You are ~'로
상대방이 누구인지 영어로 말해 봅시다.

You are a good friend.

너는 좋은 친구야.

You = 너, 당신 / **are** = ~이다

You are ＿＿＿ = 너는[당신은] ＿＿＿이다

'나(**I**)는 ~이다'라고 할 땐 '**am**(~이다)'을 쓰지만

'너(**You**)는 ~이다'라고 할 땐 '**are**(~이다)'을 써요.

그럼 '**friend**(친구)'라는 단어로 문장을 만들어 볼까요?

▼

주어	동사	보어
You	are	a good friend
너는[당신은]	~이다	1명의 좋은 친구

▼

You are a good friend.

너는[당신은] 1명의 좋은 친구이다.

▼

너는 좋은 친구야.

72

새로운 단어 듣고 써 보기

MP3_041

새로 배운 단어들의 발음을 듣고 소리 내어 말하며 몇 번씩 써 보세요.

You	너, 당신

You ▸ You

are	~이다

are ▸ are

friend	친구

friend ▸ friend

오늘의 문장 듣고 써 보기

MP3_042

오늘 만든 문장의 전체 발음을 듣고 소리 내어 말하며 스스로 써 보세요.

You are a good friend.

• DAY •

022

오늘의 쓰기 날짜   월   일

오늘은 You are 뒤에 '성격 형용사'를 넣어서
상대방의 성격이 어떤지 말해 봅시다.

You're so kind.

당신은 정말 친절해요.

You are 성격 형용사 = 너는[당신은] _____ (성격)이다

You are 뒤에 '성격을 나타내는 형용사'를 넣어 말하면

상대방의 성격이 어떤지 말할 수 있어요.

아래의 형용사 중 하나로 상대방의 성격을 말해 보세요.

kind = 친절한 / **brave** = 용감한

▼

주어	동사	보어
You	**are**	**so kind**
너는[당신은]	~이다	정말 친절한 (성격)

▼

You're(=You are) so kind.

너는[당신은] 정말 친절한 (성격)이다.

▼

당신은 정말 친절해요.

74

MP3_043

새로 배운 단어들의 발음을 듣고 소리 내어 말하며 몇 번씩 써 보세요.

| You're | 'You are'의 줄임말이에요. |

You're ▸ You're

| kind | 친절한 |

kind ▸ kind

| brave | 용감한 |

brave ▸ brave

오늘의 문장 듣고 써 보기

MP3_044

오늘 만든 문장의 전체 발음을 듣고 소리 내어 말하며 스스로 써 보세요.

You're so kind.

75

DAY 023

오늘의 쓰기 날짜   월   일

오늘은 You are not이란 표현으로
'당신은 ~이[가] 아니다'라고 말해 봅시다.

You're not alone.

당신은 혼자가 아니에요.

You are 뒤에 **not**을 붙이면?

You are not _____ = 너는[당신은] _____ 이[가] 아니다

위 표현으로 상대방이 누가 아닌지, 어떻지 않은지 말할 수 있어요.

아래의 단어 중 하나로 상대방이 어떻지 않은지 말해 보세요.

alone = 혼자인 / **stupid** = 멍청한

▼

주어	동사	보어
You	**are not**	**alone**
너는[당신은]	~이[가] 아니다	혼자인 (상태)

▼

You're not alone.

너는[당신은] 혼자인 (상태)가 아니다.

▼

당신은 혼자가 아니에요.

76

MP3_045

새로 배운 단어들의 발음을 듣고 소리 내어 말하며 몇 번씩 써 보세요.

You're not	너는[당신은] ~이[가] 아니다

You're not ▸ You're not

alone	혼자인

alone ▸ alone

stupid	멍청한

stupid ▸ stupid

오늘의 문장 듣고 써 보기

MP3_046

오늘 만든 문장의 전체 발음을 듣고 소리 내어 말하며 스스로 써 보세요.

You're not alone.

오늘의 쓰기 날짜   월   일

오늘은 '그는 ~이다'라는 뜻의 He is로
그가 누구인지 영어로 말해 봅시다.

He is my friend.

그는 제 친구예요.

He = 그 (남성) / **is** = ~이다

He is ____ = 그는 ____이다

'그(He)는 ~이다'라고 할 땐 'is(~이다)'를 써서 말해요.

오늘은 그가 'my **friend**(나의 친구)'라고 영어로 말해 봅시다.

(*'my + 명사'라고 할 땐 앞에 **a[an]**을 안 붙여도 돼요.)

▼

주어	동사	보어
He	**is**	**my friend**
그는	~이다	나의 친구

▼

He is **my friend**.

그는 나의 친구이다.

▼

그는 제 친구예요.

MP3_047

새로 배운 단어들의 발음을 듣고 소리 내어 말하며 몇 번씩 써 보세요.

He	그

He ▸ He

is	~이다

is ▸ is

my friend	나의 친구

my friend ▸ my friend

오늘의 문장 듣고 써 보기

MP3_048

오늘 만든 문장의 전체 발음을 듣고 소리 내어 말하며 스스로 써 보세요.

He is my friend.

오늘의 쓰기 날짜   월   일

오늘은 He is라는 표현으로 그가
'나의 남동생, 오빠, 형'이라고 말해 봅시다.

He's my brother.

그는 제 남동생[오빠/형]이에요.

---

brother = 남동생, 오빠, 형

sister = 여동생, 언니, 누나

영어에서는 '남동생, 오빠, 형'을 모두 **brother,**
'여동생, 언니, 누나'를 모두 **sister**라고 불러요.
나눠 부를 필요 없이 한 단어로 부르니 참 간단하죠?

▼

주어	동사	보어
He	is	my brother
그는	~이다	나의 남동생[오빠/형]

▼

He's(=He is) **my brother.**

그는 나의 남동생[오빠/형]이다.

▼

그는 제 남동생[오빠/형]이에요.

새로운 단어 듣고 써 보기

MP3_049

새로 배운 단어들의 발음을 듣고 소리 내어 말하며 몇 번씩 써 보세요.

He's	'He is'의 줄임말이에요.

He's ▸ He's

brother	남자 형제(남동생, 오빠, 형)

brother ▸ brother

sister	여자 형제(여동생, 언니, 누나)

sister ▸ sister

오늘의 문장 듣고 써 보기

MP3_050

오늘 만든 문장의 전체 발음을 듣고 소리 내어 말하며 스스로 써 보세요.

He's my brother.

오늘은 He is not이란 표현으로
'그는 ~이[가] 아니다'라고 말해 봅시다.

He's not my father.

그는 제 아버지가 아니에요.

He is not ____ = 그는 ____이[가] 아니다

영어에선 나이·관계에 상관없이 어떤 사람이 '남자'이면
'**He**(그)'라고 지칭해서 말할 수 있어요.
그럼 그가 나의 아버지(**father**)가 아니라고 말해 볼까요?
(*'어머니'는 영어로 **mother**라고 해요.)

▼

주어	동사	보어
He	is not	**my father**
그는	~이[가] 아니다	나의 아버지

▼

He's not **my father.**

그는 나의 아버지가 아니다.

▼

그는 제 아버지가 아니에요.

MP3_051

새로 배운 단어들의 발음을 듣고 소리 내어 말하며 몇 번씩 써 보세요.

He's not	그는 ~이[가] 아니다

He's not ▸ He's not

father	아버지

father ▸ father

mother	어머니

mother ▸ mother

MP3_052

오늘 만든 문장의 전체 발음을 듣고 소리 내어 말하며 스스로 써 보세요.

He's not my father.

오늘의 쓰기 날짜   월   일

오늘은 '그녀는 ~이다'라는 뜻의 She is로
그녀가 누구인지 영어로 말해 봅시다.

She is my best friend.

그녀는 저의 가장 친한 친구예요.

She = 그녀 (여성) / is = ~이다

She is _____ = 그녀는 _____ 이다

'그녀(She)는 ~이다'라고 할 땐 'is(~이다)'를 써요.

오늘은 그녀가 '나의 가장 친한 친구'라고 말해 볼까요?

best(가장 좋은) + friend(친구) = best friend(가장 좋은[친한] 친구)

▼

주어	동사	보어
She	is	my best friend
그녀는	~이다	나의 가장 친한 친구

▼

She is my best friend.

그녀는 나의 가장 친한 친구이다.

▼

그녀는 저의 가장 친한 친구예요.

MP3_053

새로 배운 단어들의 발음을 듣고 소리 내어 말하며 몇 번씩 써 보세요.

She	그녀

She ▸ She

best	가장 좋은, 최고의

best ▸ best

best friend	가장 좋은[친한] 친구

best friend ▸ best friend

MP3_054

오늘 만든 문장의 전체 발음을 듣고 소리 내어 말하며 스스로 써 보세요.

She is my best friend.

85

오늘의 쓰기 날짜   월   일

오늘은 She is 뒤에 '외모 형용사'를 넣어서
그녀의 외모가 어떤지 영어로 말해 봅시다.

She's very pretty.

그녀는 참 예뻐요.

She is 외모 형용사 = 그녀는 _____ (외모)이다

She is 뒤에 '외모를 나타내는 형용사'를 넣어 말하면

그녀의 외모가 어떤지 말할 수 있어요.

아래의 형용사 중 하나로 그녀의 외모를 말해 보세요.

pretty = 예쁜 / **beautiful** = 아름다운

▼

주어	동사	보어
She	is	very pretty
그녀는	~이다	아주 예쁜 (외모)

▼

She's(=She is) very pretty.

그녀는 아주 예쁜 (외모)이다.

▼

그녀는 참 예뻐요.

MP3_055

새로 배운 단어들의 발음을 듣고 소리 내어 말하며 몇 번씩 써 보세요.

She's	'She is'의 줄임말이에요.

She's ▸ She's

pretty	예쁜

pretty ▸ pretty

beautiful	아름다운

beautiful ▸ beautiful

오늘의 문장 듣고 써 보기

MP3_056

오늘 만든 문장의 전체 발음을 듣고 소리 내어 말하며 스스로 써 보세요.

She's very pretty.

DAY 029

오늘의 쓰기 날짜   월   일

오늘은 She is not이란 표현으로
'그녀는 ~이[가] 아니다'라고 말해 봅시다.

She's not
my grandmother.

그녀는 제 할머니가 아니에요.

She is not _____ = 그녀는 _____ 이[가] 아니다

영어에선 나이·관계에 상관없이 어떤 사람이 '여자'이면
'**She**(그녀)'라고 지칭해서 말할 수 있어요.
그럼 그녀가 나의 할머니(**grandmother**)가 아니라고 말해 볼까요?
(*'할아버지'는 영어로 **grandfather**라고 해요.)

▼

주어	동사	보어
She 그녀는	**is not** ~이[가] 아니다	**my grandmother** 나의 할머니

▼

She's not my grandmother.

그녀는 나의 할머니가 아니다.

▼

그녀는 제 할머니가 아니에요.

새로운 단어 듣고 써 보기

MP3_057

새로 배운 단어들의 발음을 듣고 소리 내어 말하며 몇 번씩 써 보세요.

She's not	그녀는 ~이[가] 아니다

She's not ▸ She's not

grandmother	할머니

grandmother ▸ grandmother

grandfather	할아버지

grandfather ▸ grandfather

오늘의 문장 듣고 써 보기

MP3_058

오늘 만든 문장의 전체 발음을 듣고 소리 내어 말하며 스스로 써 보세요.

She's not my grandmother.

오늘은 He/She를 이용하여
애완동물의 외모와 성격을 말해 봅시다.

She's so cute.

강아지가 너무 귀여워요.

영어에선 애완동물(개, 고양이 등)을 'He/She'로 지칭하기도 해요.

He = 수컷인 애완동물

She = 암컷인 애완동물

그럼 아래의 단어 중 하나로 애완동물의 외모와 성격을 말해 볼까요?

cute = 귀여운 / **adorable** = 사랑스러운 / **gentle** = 순한

▼

주어	동사	보어
She	is	so cute
(암컷 강아지인) 그녀는	~이다	너무 귀여운 (외모)

▼

She's **so cute.**

(암컷 강아지인) 그녀는 너무 귀여운 (외모)이다.

▼

강아지가 너무 귀여워요.

90

MP3_059

새로 배운 단어들의 발음을 듣고 소리 내어 말하며 몇 번씩 써 보세요.

cute	귀여운

cute ▸ cute

adorable	사랑스러운

adorable ▸ adorable

gentle	순한, 온화한

gentle ▸ gentle

오늘의 문장 듣고 써 보기

MP3_060

오늘 만든 문장의 전체 발음을 듣고 소리 내어 말하며 스스로 써 보세요.

She's so cute.

91

CHAPTER 04

우리, 그들, 이것, 저것에 대해 영어로 말하기

	오늘 써 볼 영어 문장
DAY 031	**We are brothers.** 우리는 형제예요.
DAY 032	**We're classmates.** 우리는 반 친구예요.
DAY 033	**We're not that close.** 우리는 그렇게 친하지 않아요.
DAY 034	**They are my parents.** 그들은 제 부모님이에요.
DAY 035	**They're my toys.** 그것들은 제 장난감이에요.
DAY 036	**They're not a family.** 그들은 가족이 아니에요.
DAY 037	**This is my favorite color.** 이것은 제가 가장 좋아하는 색이에요.
DAY 038	**This is not your bag.** 이것은 네 가방이 아니야.
DAY 039	**That is too expensive.** 저것은 너무 비싸요.
DAY 040	**That is not my dog.** 저것은 제 개가 아니에요.

학습 목표 & 주요 내용

- '우리는 ~이다'라고 영어로 말하기 (1)
  - 문장 주어 + 동사 + 보어(명사)　단어 We, brothers, sisters

- '우리는 ~이다'라고 영어로 말하기 (2)
  - 문장 주어 + 동사 + 보어(명사)　단어 We're, classmate, classmates

- '우리는 ~이[가] 아니다'라고 영어로 말하기
  - 문장 주어 + 동사 + not + 보어(형용사)　단어 We're not, close, foolish

- '그들은 ~이다'라고 영어로 말하기
  - 문장 주어 + 동사 + 보어(명사)　단어 They, parents, my parents

- '그것들은 ~이다'라고 영어로 말하기
  - 문장 주어 + 동사 + 보어(명사)　단어 They're, toy, book

- '그(것)들은 ~이[가] 아니다'라고 영어로 말하기
  - 문장 주어 + 동사 + not + 보어(명사)　단어 They're not, family, set

- '이것은 ~이다'라고 영어로 말하기
  - 문장 주어 + 동사 + 보어(명사)　단어 This, favorite, color

- '이것은 ~이[가] 아니다'라고 영어로 말하기
  - 문장 주어 + 동사 + not + 보어(명사)　단어 your, bag, your bag

- '저것은 ~이다'라고 영어로 말하기
  - 문장 주어 + 동사 + 보어(형용사)　단어 That, expensive, cheap

- '저것[저 사람]은 ~이[가] 아니다'라고 영어로 말하기
  - 문장 주어 + 동사 + not + 보어(명사)　단어 dog, cat, cousin

오늘의 쓰기 날짜   월   일

오늘은 We are이란 표현으로
'우리는 ~이다'라고 영어로 말해 봅시다.

We are brothers.

우리는 형제예요.

We = 우리

We are ____ = 우리는 ____이다

영어에선 명사가 2개[2명] 이상일 땐 단어 끝에 '**-s**'를 붙여요.

(예시) **brother** (남자 형제) → **brother**s (남자 형제들)

sister (여자 형제) → **sister**s (여자 형제들)

▼

주어	동사	보어
We	are	brothers
우리는	~이다	남자 형제들

▼

We are brothers.

우리는 남자 형제들이다.

▼

우리는 형제예요.

새로운 단어 듣고 써 보기

MP3_061

새로 배운 단어들의 발음을 듣고 소리 내어 말하며 몇 번씩 써 보세요.

| We | 우리 |

We ▶ We

| brothers | (2명 이상인) 남자 형제들 |

brothers ▶ brothers

| sisters | (2명 이상인) 여자 형제들 |

sisters ▶ sisters

오늘의 문장 듣고 써 보기

MP3_062

오늘 만든 문장의 전체 발음을 듣고 소리 내어 말하며 스스로 써 보세요.

We are brothers.

오늘은 We are 뒤에 '복수명사'를 넣어서
우리가 '어떤 사람들'인지 영어로 말해 봅시다.

We're classmates.

우리는 반 친구예요.

1개[1명]인 명사 = 단수명사

2개[2명] 이상인 명사 = 복수명사

만약 '우리는 ~이다'라고 말하려면 '우리 = 2명 이상'이니까

아래와 같이 '복수명사'로 만든 다음 말해야 하겠죠?

classmate (반 친구) → classmates (반 친구들)

▼

주어	동사	보어
We	**are**	**classmates**
우리는	~이다	반 친구들

▼

We're(=We are) **classmates.**

우리는 반 친구들이다.

▼

우리는 반 친구예요.

MP3_063

새로 배운 단어들의 발음을 듣고 소리 내어 말하며 몇 번씩 써 보세요.

| We're | 'We are'의 줄임말이에요. |

We're ▸ We're

| classmate | 반 친구 |

classmate ▸ classmate

| classmates | (2명 이상인) 반 친구들 |

classmates ▸ classmates

오늘의 문장 듣고 써 보기

MP3_064

오늘 만든 문장의 전체 발음을 듣고 소리 내어 말하며 스스로 써 보세요.

We're classmates.

DAY 033

오늘의 쓰기 날짜   월   일

오늘은 We are not이란 표현으로
'우리는 ~이[가] 아니다'라고 말해 봅시다.

We're not that close.

우리는 그렇게 친하지 않아요.

We are 뒤에 **not**을 넣어 말하면?

We are not _____ = 우리는 _____ 이[가] 아니다

오늘은 Day 18에서 배웠던 '**that** + 형용사' 표현을 활용하여

'우리는 그렇게 ~(상태)가 아니다'라고 영어로 말해 보세요.

(예시) **close** = 친한, 가까운 / **foolish** = 어리석은

▼

주어	동사	보어
We	**are not**	**that close**
우리는	~가 아니다	그렇게 친한 (상태)

▼

We're not that close.

우리는 그렇게 친한 (상태)가 아니다.

▼

우리는 그렇게 친하지 않아요.

98

MP3_065

새로 배운 단어들의 발음을 듣고 소리 내어 말하며 몇 번씩 써 보세요.

We're not	우리는 ~이[가] 아니다

We're not ▸ We're not

close	친한, 가까운

close ▸ close

foolish	어리석은

foolish ▸ foolish

오늘의 문장 듣고 써 보기

MP3_066

오늘 만든 문장의 전체 발음을 듣고 소리 내어 말하며 스스로 써 보세요.

We're not that close.

오늘은 They are이란 표현으로
'그들은 ~이다'라고 영어로 말해 봅시다.

They are my parents.

그들은 제 부모님이에요.

They = 그들

They are ____ = 그들은 ____이다

영어에선 나이·관계에 상관없이 2명 이상의 사람들은 다
'**they**(그들)'이라고 지칭해서 말할 수 있어요.
그럼 그들이 나의 부모님(**parents**)이라고 말해 볼까요?

▼

주어	동사	보어
They 그들은	are ~이다	my parents 나의 부모님

▼

They are **my parents**.

그들은 나의 부모님이다.

▼

그들은 제 부모님이에요.

새로 배운 단어들의 발음을 듣고 소리 내어 말하며 몇 번씩 써 보세요.

They	그들

They ▸ They

parents	(엄마, 아빠 2분으로 된) 부모님

parents ▸ parents

my parents	나의 부모님

my parents ▸ my parents

오늘의 문장 듣고 써 보기

MP3_068

오늘 만든 문장의 전체 발음을 듣고 소리 내어 말하며 스스로 써 보세요.

They are my parents.

오늘은 They are이란 표현을 사용하여
'그것들은 ~이다'라고 영어로 말해 봅시다.

They're my toys.

그것들은 제 장난감이에요.

They는 사람뿐만 아니라 '2개 이상인 사물·동식물'을 가리켜
'**They**(그것들)'이라고 지칭해서 말할 수 있어요.

They are _____ = 그것들은 _____이다

아래의 단어 중 하나로 '그것들은 ~이다'라고 말해 볼까요?

toy = 장난감 / **book** = 책

▼

주어	동사	보어
They	**are**	**my toys**
그것들은	~이다	나의 장난감들

▼

They're(=They are) **my toys.**

그것들은 <u>나의 장난감들</u>이다.

▼

그것들은 제 장난감이에요.

새로운 단어 듣고 써 보기

MP3_069

새로 배운 단어들의 발음을 듣고 소리 내어 말하며 몇 번씩 써 보세요.

They're	'They are'의 줄임말이에요.

They're ▸ They're

toy	장난감

toy ▸ toy

book	책

book ▸ book

오늘의 문장 듣고 써 보기

MP3_070

오늘 만든 문장의 전체 발음을 듣고 소리 내어 말하며 스스로 써 보세요.

They're my toys.

오늘은 They are not이란 표현으로
'그(것)들은 ~이[가] 아니다'라고 말해 봅시다.

They're not a family.

그들은 가족이 아니에요.

They are 뒤에 **not**을 넣어 말하면?

They are not _____ = 그(것)들은 _____ 이[가] 아니다

They are not 뒤에도 'a + 명사' 표현이 올 수 있어요.

(예시) **a family** = 한 가족 ('가족'은 2명 이상으로 된 혈연 집단을 의미)

a set = 한 세트 ('세트'는 2개 이상의 물건으로 된 구성품을 의미)

▼

주어	동사	보어
They	**are not**	**a family**
그들은	~이[가] 아니다	한 가족

▼

They're not a family.

그들은 한 가족이 아니다.

▼

그들은 가족이 아니에요.

MP3_071

새로 배운 단어들의 발음을 듣고 소리 내어 말하며 몇 번씩 써 보세요.

They're not	그(것)들은 ~이[가] 아니다

They're not ▸ They're not

family	가족

family ▸ family

set	세트

set ▸ set

MP3_072

오늘 만든 문장의 전체 발음을 듣고 소리 내어 말하며 스스로 써 보세요.

They're not a family.

105

오늘의 쓰기 날짜   월   일

오늘은 This is라는 표현을 사용하여
'이것은 ~이다'라고 영어로 말해 봅시다.

This is my favorite color.

이것은 제가 가장 좋아하는 색이에요.

This = 이것

This is ____ = 이것은 ____이다

This는 가까이 있는 대상을 가리켜 '이것'이라고 말할 때 써요.

아래의 표현을 활용해 '이것은 ~이다'라는 문장을 만들어 볼까요?

favorite(가장 좋아하는) + **color**(색깔) = **favorite color**(가장 좋아하는 색깔)

▼

주어	동사	보어
This	is	my favorite color
이것은	~이다	나의 가장 좋아하는 색깔

▼

This is my favorite color.

이것은 나의 가장 좋아하는 색깔이다.

▼

이것은 제가 가장 좋아하는 색이에요.

106

새로운 단어 듣고 써 보기

MP3_073

새로 배운 단어들의 발음을 듣고 소리 내어 말하며 몇 번씩 써 보세요.

This	이것

This ▶ This

favorite	가장 좋아하는

favorite ▶ favorite

color	색깔

color ▶ color

오늘의 문장 듣고 써 보기

MP3_074

오늘 만든 문장의 전체 발음을 듣고 소리 내어 말하며 스스로 써 보세요.

This is my favorite color.

107

오늘의 쓰기 날짜   월   일

오늘은 This is not이란 표현을 사용하여
'이것은 ~이[가] 아니다'라고 말해 봅시다.

This is not your bag.

이것은 네 가방이 아니야.

This is 뒤에 **not**을 넣어 말하면?

This is not ____ = 이것은 ____이[가] 아니다

오늘은 '너의 ~'라는 뜻의 '**your** + 명사' 표현을 활용하여

'이것은 너의 ~이[가] 아니다'라는 문장을 말해 볼까요?

bag (가방) → **your bag** (너의 가방)

▼

주어	동사	보어
This 이것은	is not ~이[가] 아니다	your bag 너의 가방

▼

This is not **your bag**.

이것은 <u>너의 가방</u>이 아니다.

▼

이것은 네 가방이 아니야.

MP3_075

새로 배운 단어들의 발음을 듣고 소리 내어 말하며 몇 번씩 써 보세요.

your	너의

your ▸ your

bag	가방

bag ▸ bag

your bag	너의 가방

your bag ▸ your bag

오늘의 문장 듣고 써 보기

MP3_076

오늘 만든 문장의 전체 발음을 듣고 소리 내어 말하며 스스로 써 보세요.

This is not your bag.

109

오늘의 쓰기 날짜   월   일

오늘은 That is라는 표현을 사용하여
'저것은 ~이다'라고 영어로 말해 봅시다.

That is too expensive.

저것은 너무 비싸요.

That = 저것

That is ____ = 저것은 ____이다

That은 멀리 있는 대상을 가리켜 '저것'이라고 말할 때 써요.

That is 뒤에 형용사를 넣어 '**That**(저것)'의 특징을 묘사해 볼까요?

(예시) **expensive** = (가격이) 비싼 / **cheap** = (가격이) 싼

▼

주어	동사	보어
That	is	too expensive
저것은	~이다	너무 비싼 (가격)

▼

That is **too expensive**.

저것은 너무 비싼 (가격)이다.

▼

저것은 너무 비싸요.

MP3_077

새로 배운 단어들의 발음을 듣고 소리 내어 말하며 몇 번씩 써 보세요.

That	그것

That ▸ That

expensive	(가격이) 비싼

expensive ▸ expensive

cheap	(가격이) 싼

cheap ▸ cheap

오늘의 문장 듣고 써 보기

MP3_078

오늘 만든 문장의 전체 발음을 듣고 소리 내어 말하며 스스로 써 보세요.

That is too expensive.

111

오늘은 That is not이란 표현을 사용하여
'저것은 ~이[가] 아니다'라고 말해 봅시다.

That is not my dog.

저것은 제 개가 아니에요.

That is 뒤에 **not**을 넣어 말하면?

That is not ____ = 저것은 ____이[가] 아니다

This와 **That**은 '동물·사람'도 '이것·이 사람, 저것·저 사람'이라고 가리켜

말할 수 있습니다. 이번엔 '동물·사람'을 가리키며 말해 볼까요?

(예시) **dog** = 개 / **cat** = 고양이 / **cousin** = 사촌

▼

주어	동사	보어
That	**is not**	**my dog**
저것은	~이[가] 아니다	나의 개

▼

That is not my dog.

저것은 나의 개가 아니다.

▼

저것은 제 개가 아니에요.

MP3_079

새로 배운 단어들의 발음을 듣고 소리 내어 말하며 몇 번씩 써 보세요.

dog	개

dog ▸ dog

cat	고양이

cat ▸ cat

cousin	사촌

cousin ▸ cousin

오늘의 문장 듣고 써 보기

MP3_080

오늘 만든 문장의 전체 발음을 듣고 소리 내어 말하며 스스로 써 보세요.

That is not my dog.

CHAPTER 05

'~이니? ~인가요?'라고 영어로 질문하기

	오늘 써 볼 영어 문장
DAY 041	**Am I right?** 제가 맞았나요?
DAY 042	**Are you ready?** 너 준비됐어?
DAY 043	**Are you his relative?** 당신은 그의 친척인가요?
DAY 044	**Are you her neighbor?** 당신은 그녀의 이웃인가요?
DAY 045	**Is he her boyfriend?** 그는 그녀의 남자친구야?
DAY 046	**Is she his girlfriend?** 그녀는 그의 여자친구야?
DAY 047	**Are they disappointed?** 그들이 실망했나요?
DAY 048	**Are they your shoes?** 그것들이 네 신발이야?
DAY 049	**Is this your coat?** 이게 당신 코트인가요?
DAY 050	**Is that your son?** 저 아이가 당신 아들인가요?

학습 목표 & 주요 내용

- '내가 ~이니?'라고 영어로 질문하기
- 문장 동사 + 주어 + 보어(형용사)? 단어 Am I, right, wrong

- '너는 ~이니?'라고 영어로 질문하기 (1)
- 문장 동사 + 주어 + 보어(형용사)? 단어 Are you, ready, okay

- '너는 ~이니?'라고 영어로 질문하기 (2)
- 문장 동사 + 주어 + 보어(명사)? 단어 his, relative, his relative

- '너는 ~이니?'라고 영어로 질문하기 (3)
- 문장 동사 + 주어 + 보어(명사)? 단어 her, neighbor, her neighbor

- '그는 ~이니?'라고 영어로 질문하기
- 문장 동사 + 주어 + 보어(명사)? 단어 Is he, boyfriend, husband

- '그녀는 ~이니?'라고 영어로 질문하기
- 문장 동사 + 주어 + 보어(명사)? 단어 Is she, girlfriend, wife

- '그(것)들은 ~이니?'라고 영어로 질문하기 (1)
- 문장 동사 + 주어 + 보어(형용사)? 단어 Are they, disappointed, surprised

- '그(것)들은 ~이니?'라고 영어로 질문하기 (2)
- 문장 동사 + 주어 + 보어(명사)? 단어 shoes, socks, glasses

- '이것[이 사람]은 ~이니?'라고 영어로 질문하기
- 문장 동사 + 주어 + 보어(명사)? 단어 Is this, coat, jacket

- '저것[저 사람]은 ~이니?'라고 영어로 질문하기
- 문장 동사 + 주어 + 보어(명사)? 단어 Is that, son, daughter

오늘은 'Am I ~?'라는 의문문 형태로
'내가 ~이니?'라는 질문을 만들어 봅시다.

Am I right?

제가 맞았나요?

I am ____. = 나는 ____이다.

Am I ____? = 내가 ____이니?

I am에서 '주어(I)'와 '동사(am)'의 위치를 바꾸면 '질문[의문문]'이 돼요.

그럼 아래의 형용사 중 하나로 '질문[의문문]'을 만들어 볼까요?

right = 맞은, 올바른 / **wrong** = 틀린, 잘못된

▼

동사	주어	보어
Am	**I**	**right?**
~이니?	내가	맞은 (상태)

▼

Am I right?

내가 **맞은 (상태)**이니?

▼

제가 맞았나요?

새로운 단어 듣고 써 보기

MP3_081

새로 배운 단어들의 발음을 듣고 소리 내어 말하며 몇 번씩 써 보세요.

Am I ~?	내가 ~이니?

Am I ▸ Am I

right	맞은, 올바른

right ▸ right

wrong	틀린, 잘못된

wrong ▸ wrong

오늘의 문장 듣고 써 보기

MP3_082

오늘 만든 문장의 전체 발음을 듣고 소리 내어 말하며 스스로 써 보세요.

Am I right?

117

오늘은 'Are you ~?'라는 의문문 형태로
'너는 ~이니?'라는 질문을 만들어 봅시다.

Are you ready?

너 준비됐어?

You are ____. = 너는 ____ 이다.

Are you ____? = 너는 ____ 이니?

You are에서 '주어(**You**)'와 '동사(**are**)'의 위치를 바꾸면 '질문[의문문]'이 돼요.

그럼 아래의 형용사 중 하나로 '질문[의문문]'을 만들어 볼까요?

ready = 준비된 / **okay** = 괜찮은

▼

동사	주어	보어
Are	you	ready?
~이니?	너는	준비된 (상태)

▼

Are you ready?

너는 준비된 (상태)이니?

▼

너 준비됐어?

118

새로운 단어 듣고 써 보기

새로 배운 단어들의 발음을 듣고 소리 내어 말하며 몇 번씩 써 보세요.

Are you ~?	너는 ~이니?

Are you ▸ Are you

ready	준비된

ready ▸ ready

okay	괜찮은

okay ▸ okay

오늘의 문장 듣고 써 보기

오늘 만든 문장의 전체 발음을 듣고 소리 내어 말하며 스스로 써 보세요.

Are you ready?

오늘은 'his + 명사'라는 표현을 사용하여
'당신은 그의 ~인가요?'라고 질문해 봅시다.

Are you his relative?

당신은 그의 친척인가요?

his = 그의

his + 명사 = 그의 ~

오늘은 'his + 명사'라는 표현과 아래에 나온 명사를 활용해

'당신은 그의 ~인가요?'라는 질문을 만들어 보세요.

relative = 친척

▼

동사	주어	보어
Are	you	his relative?
~이니?	너는	그의 친척

▼

Are you his relative?

너는 그의 친척이니?

▼

당신은 그의 친척인가요?

MP3_085

새로 배운 단어들의 발음을 듣고 소리 내어 말하며 몇 번씩 써 보세요.

| his | 그의 |

his ▸ his

| relative | 친척 |

relative ▸ relative

| his relative | 그의 친척 |

his relative ▸ his relative

오늘의 문장 듣고 써 보기

MP3_086

오늘 만든 문장의 전체 발음을 듣고 소리 내어 말하며 스스로 써 보세요.

Are you his relative?

오늘의 쓰기 날짜   월   일

오늘은 'her + 명사'라는 표현을 사용하여
'당신은 그녀의 ~인가요?'라고 질문해 봅시다.

Are you her neighbor?

당신은 그녀의 이웃인가요?

her = 그녀의

her + 명사 = 그녀의 ~

오늘은 'her + 명사'라는 표현과 아래에 나온 명사를 활용해

'당신은 그녀의 ~인가요?'라는 질문을 만들어 보세요.

neighbor = 이웃

▼

동사	주어	보어
Are	you	her neighbor?
~이니?	너는	그녀의 이웃

▼

Are you her neighbor?

너는 그녀의 이웃이니?

▼

당신은 그녀의 이웃인가요?

MP3_087

새로 배운 단어들의 발음을 듣고 소리 내어 말하며 몇 번씩 써 보세요.

her	그녀의

her ▸ her

neighbor	이웃

neighbor ▸ neighbor

her neighbor	그녀의 이웃

her neighbor ▸ her neighbor

오늘의 문장 듣고 써 보기

MP3_088

오늘 만든 문장의 전체 발음을 듣고 소리 내어 말하며 스스로 써 보세요.

Are you her neighbor?

오늘의 쓰기 날짜   월   일

오늘은 'Is he ~?'라는 의문문 형태로
'그는 ~이니?'라는 질문을 만들어 봅시다.

Is he her boyfriend?

그가 그녀의 남자친구야?

He is _____. = 그는 _____이다.

Is he _____? = 그는 _____이니?

He is에서 '주어(**He**)'와 '동사(**is**)'의 위치를 바꾸면 '질문[의문문]'이 돼요.

그럼 아래의 명사 중 하나로 '질문[의문문]'을 만들어 볼까요?

boyfriend = 남자친구 / **husband** = 남편

▼

동사	주어	보어
Is	**he**	**her boyfriend?**
~이니?	그는	그녀의 남자친구

▼

Is he her boyfriend?

그는 그녀의 남자친구이니?

▼

그가 그녀의 남자친구야?

MP3_089

새로 배운 단어들의 발음을 듣고 소리 내어 말하며 몇 번씩 써 보세요.

Is he ~?	그는 ~이니?

Is he ▸ Is he

boyfriend	남자친구

boyfriend ▸ boyfriend

husband	남편

husband ▸ husband

오늘의 문장 듣고 써 보기

MP3_090

오늘 만든 문장의 전체 발음을 듣고 소리 내어 말하며 스스로 써 보세요.

Is he her boyfriend?

125

오늘은 'Is she ~?'라는 의문문 형태로
'그녀는 ~이니?'라는 질문을 만들어 봅시다.

Is she his girlfriend?

그녀가 그의 여자친구야?

She is ____ . = 그녀는 ____ 이다.

Is she ____ ? = 그녀는 ____ 이니?

She is에서 '주어(**She**)'와 '동사(**is**)'의 위치를 바꾸면 '질문[의문문]'이 돼요.

그럼 아래의 명사 중 하나로 '질문[의문문]'을 만들어 볼까요?

girlfriend = 여자친구 / **wife** = 아내

▼

동사	주어	보어
Is	she	his girlfriend?
~이니?	그녀는	그의 여자친구

▼

Is she his girlfriend?

그녀는 그의 여자친구이니?

▼

그녀가 그의 여자친구야?

새로운 단어 듣고 써 보기

MP3_091

새로 배운 단어들의 발음을 듣고 소리 내어 말하며 몇 번씩 써 보세요.

| Is she ~? | 그녀는 ~이니? |

Is she ▸ Is she

| girlfriend | 여자친구 |

girlfriend ▸ girlfriend

| wife | 아내 |

wife ▸ wife

오늘의 문장 듣고 써 보기

MP3_092

오늘 만든 문장의 전체 발음을 듣고 소리 내어 말하며 스스로 써 보세요.

Is she his girlfriend?

오늘의 쓰기 날짜　　월　　일

오늘은 'Are they ~?'라는 의문문 형태로
'그들은 ~이니?'라는 질문을 만들어 봅시다.

Are they disappointed?

그들이 실망했나요?

They are ____ . = 그(것)들은 ____ 이다.

Are they ____ ? = 그(것)들은 ____ 이니?

They are에서 '주어(**They**)'와 '동사(**are**)'의 위치를 바꾸면 '질문[의문문]'이 돼요.

그럼 아래의 형용사 중 하나로 '질문[의문문]'을 만들어 볼까요?

disappointed = 실망한 / **surprised** = 놀란

▼

동사	주어	보어
Are	they	disappointed?
~이니?	그들은	실망한 (상태)

▼

Are they **disappointed**?

그들은 **실망한 (상태)**이니?

▼

그들이 실망했나요?

새로운 단어 듣고 써 보기

MP3_093

새로 배운 단어들의 발음을 듣고 소리 내어 말하며 몇 번씩 써 보세요.

Are they ~?	그(것)들은 ~이니?

Are they ▸ Are they

disappointed	실망한

disappointed ▸ disappointed

surprised	놀란

surprised ▸ surprised

오늘의 문장 듣고 써 보기

MP3_094

오늘 만든 문장의 전체 발음을 듣고 소리 내어 말하며 스스로 써 보세요.

Are they disappointed?

오늘은 'your + 명사'와 다양한 '복수명사'로
'그(것)들은 너의 ~이니?'라고 질문해 봅시다.

Are they your shoes?

그것들이 네 신발이야?

오늘은 Day 38에서 배웠던 '**your** + 명사'와 아래의 '복수명사'들을 활용해
'그(것)들은 당신의 ~인가요?'라는 질문을 만들어 보세요.

shoes = (2쪽으로 된 1켤레의) 신발

socks = (2쪽으로 된 1켤레의) 양말

glasses = (2개의 안경알로 된) 안경

▼

동사	주어	보어
Are	they	your shoes?
~이니?	그것들은	너의 신발

▼

Are they **your shoes**?

그것들은 너의 신발이니?

▼

그것들이 네 신발이야?

새로운 단어 듣고 써 보기

MP3_095

새로 배운 단어들의 발음을 듣고 소리 내어 말하며 몇 번씩 써 보세요.

| shoes | (2쪽으로 된 1켤레의) 신발 |

shoes ▸ shoes

| socks | (2쪽으로 된 1켤레의) 양말 |

socks ▸ socks

| glasses | (2개의 안경알로 된) 안경 |

glasses ▸ glasses

오늘의 문장 듣고 써 보기

MP3_096

오늘 만든 문장의 전체 발음을 듣고 소리 내어 말하며 스스로 써 보세요.

Are they your shoes?

오늘은 'Is this ~?'라는 의문문 형태로
'이것[이 사람]은 ~이니?'라고 질문해 봅시다.

Is this your coat?

이게 당신 코트인가요?

This is _____. = 이것[이 사람]은 _____이다.

Is this _____? = 이것[이 사람]은 _____이니?

This is에서 '주어(This)'와 '동사(is)'의 위치를 바꾸면 '질문[의문문]'이 돼요.

그럼 아래의 명사 중 하나로 '질문[의문문]'을 만들어 볼까요?

coat = 코트 / **jacket** = 자켓

▼

동사	주어	보어
Is	this	your coat?
~이니?	이것은	너의 코트

▼

Is this **your coat**?

이것은 너의 코트이니?

▼

이게 당신 코트인가요?

새로 배운 단어들의 발음을 듣고 소리 내어 말하며 몇 번씩 써 보세요.

Is this ~?	이것[이 사람]은 ~이니?

Is this ▸ Is this

coat	코트

coat ▸ coat

jacket	자켓

jacket ▸ jacket

오늘의 문장 듣고 써 보기

MP3_098

오늘 만든 문장의 전체 발음을 듣고 소리 내어 말하며 스스로 써 보세요.

Is this your coat?

050

오늘은 'Is that ~?'이라는 의문문 형태로
'저것[저 사람]은 ~이니?'라고 질문해 봅시다.

Is that your son?

저 아이가 당신 아들인가요?

That is ____. = 저것[저 사람]은 ____이다.

Is that ____? = 저것[저 사람]은 ____이니?

That is에서 '주어(**That**)'와 '동사(**is**)'의 위치를 바꾸면 '질문[의문문]'이 돼요.

그럼 아래의 명사 중 하나로 '질문[의문문]'을 만들어 볼까요?

son = 아들 / **daughter** = 딸

▼

동사	주어	보어
Is	**that**	**your son?**
~이니?	저 사람은	너의 아들

▼

Is that **your son**?

저 사람은 **너의 아들**이니?

▼

저 아이가 당신 아들인가요?

MP3_099

새로 배운 단어들의 발음을 듣고 소리 내어 말하며 몇 번씩 써 보세요.

| Is that ~? | 저것[저 사람]은 ~이니? |

Is that ▸ Is that

| son | 아들 |

son ▸ son

| daughter | 딸 |

daughter ▸ daughter

오늘의 문장 듣고 써 보기

MP3_100

오늘 만든 문장의 전체 발음을 듣고 소리 내어 말하며 스스로 써 보세요.

Is that your son?

135

CHAPTER 06

나에게 있는 것과 없는 것을 영어로 말하기

	오늘 써 볼 영어 문장
DAY 051	**I have a phone.** 저는 전화기가 있어요.
DAY 052	**I have a puppy.** 저는 강아지가 있어요.
DAY 053	**I have a small mole.** 저는 조그만 점이 있어요.
DAY 054	**I have a big dream.** 저는 큰 꿈이 있어요.
DAY 055	**I have a headache.** 저는 두통이 있어요.
DAY 056	**I have two friends.** 저는 친구가 두 명 있어요.
DAY 057	**I have some ideas.** 저에게 생각이 좀 있어요.
DAY 058	**I don't have an umbrella.** 저는 우산이 없어요.
DAY 059	**I don't have any chance.** 저에겐 아무런 기회도 없어요.
DAY 060	**I have no money.** 저는 돈이 하나도 없어요.

학습 목표 & 주요 내용

- 나에게 어떠한 '물건'이 있다고 영어로 말하기
- **문장** 주어 + 동사 + 목적어 　**단어** have, phone, computer

- 나에게 키우는 '동물'이 있다고 영어로 말하기
- **문장** 주어 + 동사 + 목적어 　**단어** puppy, kitten, pet

- 나에게 어떠한 '신체 특징'이 있다고 영어로 말하기
- **문장** 주어 + 동사 + 목적어 　**단어** small, mole, scar

- 나에게 어떠한 '생각·마음'이 있다고 영어로 말하기
- **문장** 주어 + 동사 + 목적어 　**단어** big, dream, wish

- 나에게 어떠한 '질병·증상'이 있다고 영어로 말하기
- **문장** 주어 + 동사 + 목적어 　**단어** headache, toothache, fever

- 나에게 어떠한 '사람'이 있다고 영어로 말하기
- **문장** 주어 + 동사 + 목적어 　**단어** two, three, four

- 나에게 어떤 것이 '조금[약간]' 있다고 영어로 말하기
- **문장** 주어 + 동사 + 목적어 　**단어** some, idea, question

- 나에게 어떤 것이 '없다'고 영어로 말하기
- **문장** 주어 + don't + 동사 + 목적어 　**단어** don't have, umbrella, wallet

- 나에게 어떤 것이 '아무것도 없다'고 영어로 말하기
- **문장** 주어 + don't + 동사 + 목적어 　**단어** any, chance, choice

- 나에게 어떤 것이 '하나도 없다'고 영어로 말하기
- **문장** 주어 + 동사 + no + 목적어 　**단어** I have no, money, time

오늘은 '가지고 있다'라는 뜻의 동사 have로
'나는 ~을[를] 가지고 있다'고 영어로 말해 봅시다.

I have a phone.

저는 전화기가 있어요.

have = 가지고 있다

I have 명사 = 나는 _____ 을[를] 가지고 있다

위와 문장과 아래의 단어 중 하나로 문장을 만들어 보세요.

phone = 전화기 / **computer** = 컴퓨터

(*가지고 있는 것이 '1개'이면 앞에 **a[an]**을 붙여서 말해야겠죠?)

▼

주어	동사	목적어
I	have	a phone
나는	가지고 있다	1개의 전화기를

▼

I have **a phone**.

나는 <u>1개의 전화기를</u> 가지고 있다.

▼

저는 전화기가 있어요.

새로운 단어 듣고 써 보기

MP3_101

새로 배운 단어들의 발음을 듣고 소리 내어 말하며 몇 번씩 써 보세요.

have	가지고 있다

have ▸ have

phone	전화기

phone ▸ phone

computer	컴퓨터

computer ▸ computer

오늘의 문장 듣고 써 보기

MP3_102

오늘 만든 문장의 전체 발음을 듣고 소리 내어 말하며 스스로 써 보세요.

I have a phone.

오늘의 쓰기 날짜   월   일

오늘은 'I have + 내가 키우는 동물'이란 표현으로
내게 어떠한 동물이 있는지 말해 봅시다.

I have a puppy.

저는 강아지가 있어요.

I have 내가 키우는 동물

I have 뒤엔 내가 가지고 있는 '물건'뿐만 아니라

내가 키우는 '동물'을 넣어서도 말할 수 있어요.

그럼 아래의 단어들 중 하나로 문장을 만들어 볼까요?

puppy = 강아지 / **kitten** = 새끼 고양이 / **pet** = 애완동물

▼

주어	동사	목적어
I	have	**a puppy**
나는	가지고 있다	1마리의 강아지를

▼

I have a puppy.

나는 1마리의 강아지를 가지고 있다.

▼

저는 강아지가 있어요.

새로운 단어 듣고 써 보기

MP3_103

새로 배운 단어들의 발음을 듣고 소리 내어 말하며 몇 번씩 써 보세요.

puppy	강아지

puppy ▶ puppy

kitten	새끼 고양이

kitten ▶ kitten

pet	애완동물

pet ▶ pet

오늘의 문장 듣고 써 보기

MP3_104

오늘 만든 문장의 전체 발음을 듣고 소리 내어 말하며 스스로 써 보세요.

I have a puppy.

오늘은 'I have + 나의 신체 특징'이란 표현으로
내게 어떠한 신체적 특징이 있는지 말해 봅시다.

I have a small mole.

저는 조그만 점이 있어요.

I have 나의 신체 특징

I have 뒤엔 내가 가진 '신체적 특징'도 넣어 말할 수 있어요.

그럼 아래의 단어들 중 하나로 문장을 만들어 보세요.

(*신체 특징 앞에 '형용사'도 붙여서 좀 더 구체적으로 말해 볼까요?)

small mole = 조그만 점 / **small scar** = 조그만 흉터

▼

주어	동사	목적어
I	have	**a small mole**
나는	가지고 있다	1개의 조그만 점을

▼

I have a small mole.

나는 <u>1개의 조그만 점을</u> 가지고 있다.

▼

저는 조그만 점이 있어요.

MP3_105

새로 배운 단어들의 발음을 듣고 소리 내어 말하며 몇 번씩 써 보세요.

| small | 조그만, 작은 |

small ▸ small

| mole | (피부 위의) 점 |

mole ▸ mole

| scar | 흉터 |

scar ▸ scar

오늘의 문장 듣고 써 보기

MP3_106

오늘 만든 문장의 전체 발음을 듣고 소리 내어 말하며 스스로 써 보세요.

I have a small mole.

DAY

054

오늘의 쓰기 날짜   월   일

오늘은 'I have + 생각·마음'이란 표현으로
내게 어떠한 생각·마음이 있는지 말해 봅시다.

I have a big dream.

저는 큰 꿈이 있어요.

I have 나의 생각·마음

I have 뒤엔 내가 가진 '생각·마음'도 넣어 말할 수 있어요.

그럼 아래의 단어들 중 하나로 문장을 만들어 보세요.

(*오늘도 앞에 '형용사'를 붙여서 좀 더 구체적으로 말해 볼까요?)

big dream = 큰 꿈 / **big wish** = 큰 소원

▼

주어	동사	목적어
I	have	**a big dream**
나는	가지고 있다	1개의 큰 꿈을

▼

I have **a big dream.**

나는 1개의 큰 꿈을 가지고 있다.

▼

저는 큰 꿈이 있어요.

144

새로운 단어 듣고 써 보기

MP3_107

새로 배운 단어들의 발음을 듣고 소리 내어 말하며 몇 번씩 써 보세요.

big	커다란, 큰

big ▸ big

dream	꿈

dream ▸ dream

wish	소원, 소망

wish ▸ wish

오늘의 문장 듣고 써 보기

MP3_108

오늘 만든 문장의 전체 발음을 듣고 소리 내어 말하며 스스로 써 보세요.

I have a big dream.

오늘의 쓰기 날짜　　월　일

오늘은 'I have + 질병·증상'이란 표현으로
내게 어떠한 질병·증상이 있는지 말해 봅시다.

I have a headache.

저는 두통이 있어요.

I have 나의 질병·증상

I have 뒤엔 내가 앓고 있는 '질병·증상'도 넣어 말할 수 있어요.

그럼 아래의 단어들 중 하나로 문장을 만들어 볼까요?

headache = 두통 / **toothache** = 치통 / **fever** = 열

(***head/tooth**(머리/이빨) + **ache**(아픔)'과 같이 만들어진 단어예요.)

▼

주어	동사	목적어
I	have	**a headache**
나는	가지고 있다	1개의 두통을

▼

I have **a headache**.

나는 <u>1개의 두통을</u> 가지고 있다.

▼

저는 두통이 있어요.

새로운 단어 듣고 써 보기

새로 배운 단어들의 발음을 듣고 소리 내어 말하며 몇 번씩 써 보세요.

| headache | 두통 |

headache ▸ headache

| toothache | 치통 |

toothache ▸ toothache

| fever | 열 |

fever ▸ fever

오늘의 문장 듣고 써 보기

MP3_110

오늘 만든 문장의 전체 발음을 듣고 소리 내어 말하며 스스로 써 보세요.

I have a headache.

오늘은 'I have + 나의 주변 사람'이란 표현으로
내게 어떠한 사람이 몇 명이나 있는지 말해 봅시다.

I have two friends.

저는 친구가 두 명 있어요.

I have 나의 주변 사람

I have 뒤엔 내 주변에 있는 '사람'도 넣어서 말할 수 있어요.

오늘은 나에게 '친구(friend)'가 몇 명이나 있는지

아래의 표현을 활용하여 말해 보세요.

two/three/four + 복수명사 = 2/3/4개[명]의 _____

▼

주어	동사	목적어
I	have	two friends
나는	가지고 있다	2명의 친구들을

▼

I have **two friends.**

나는 2명의 친구들을 가지고 있다.

▼

저는 친구가 두 명 있어요.

MP3_111

새로 배운 단어들의 발음을 듣고 소리 내어 말하며 몇 번씩 써 보세요.

| two | 2, 둘 |

two ▸ two

| three | 3, 셋 |

three ▸ three

| four | 4, 넷 |

four ▸ four

MP3_112

오늘 만든 문장의 전체 발음을 듣고 소리 내어 말하며 스스로 써 보세요.

I have two friends.

오늘의 쓰기 날짜　　월　　일

오늘은 'some + 명사'라는 표현으로
어떤 것을 '조금[약간]' 갖고 있다고 말해 봅시다.

I have some ideas.

저에게 생각이 좀 있어요.

some = 조금의, 약간의

some + 명사 = 조금[약간]의 ____

위의 표현과 아래의 단어 중 하나로

'나는 조금[약간]의 ~을[를] 가지고 있다'고 말해 보세요.

idea = 생각 / question = 질문

▼

주어	동사	목적어
I	have	some ideas
나는	가지고 있다	조금[약간]의 생각들을

▼

I have some ideas.

나는 조금[약간]의 생각들을 가지고 있다.

▼

저에게 생각이 좀 있어요.

새로 배운 단어들의 발음을 듣고 소리 내어 말하며 몇 번씩 써 보세요.

| some | 조금의, 약간의 |

some ▸ some

| idea | 생각 |

idea ▸ idea

| question | 질문 |

question ▸ question

오늘의 문장 듣고 써 보기

MP3_114

오늘 만든 문장의 전체 발음을 듣고 소리 내어 말하며 스스로 써 보세요.

I have some ideas.

151

오늘의 쓰기 날짜   월   일

오늘은 'don't + 동사' 표현을 활용하여
어떤 것을 '가지고 있지 않다'고 말해 봅시다.

I don't have an umbrella.

저는 우산이 없어요.

don't + 동사 = ＿＿＿＿ 하지 않다

don't **have** = 가지고 있지 않다

동사 앞에 **don't**를 붙이면 '~지 않다'는 뜻이 돼요.

아래의 단어들로 '나는 ~을[를] 가지고 있지 않다'고 말해 볼까요?

umbrella = 우산 / **wallet** = 지갑

▼

주어	동사	목적어
I 나는	don't have 가지고 있지 않다	an umbrella 1개의 우산을

▼

I don't have **an umbrella**.

나는 1개의 우산을 가지고 있지 않다.

▼

저는 우산이 없어요.

새로운 단어 듣고 써 보기

MP3_115

새로 배운 단어들의 발음을 듣고 소리 내어 말하며 몇 번씩 써 보세요.

don't have	가지고 있지 않다

don't have ▸ don't have

umbrella	우산

umbrella ▸ umbrella

wallet	지갑

wallet ▸ wallet

오늘의 문장 듣고 써 보기

MP3_116

오늘 만든 문장의 전체 발음을 듣고 소리 내어 말하며 스스로 써 보세요.

I don't have an umbrella.

153

오늘은 'any + 명사'란 표현을 활용하여
'아무[그 어떤] ~도 없다'고 말해 봅시다.

I don't have any chance.

저에겐 아무런 기회도 없어요.

any = 아무, 그 어떤

any + 명사 = 아무[그 어떤] ____

위의 표현과 아래의 단어 중 하나로

'나는 아무[그 어떤] ~을[를] 가지고 있지 않다'고 말해 보세요.

chance = 기회 / choice = 선택(권)

▼

주어	동사	목적어
I	don't have	any chance
나는	가지고 있지 않다	아무[그 어떤] 기회를

▼

I don't have **any chance**.

나는 아무[그 어떤] 기회를 가지고 있지 않다.

▼

저에겐 아무런 기회도 없어요.

새로운 단어 듣고 써 보기

MP3_117

새로 배운 단어들의 발음을 듣고 소리 내어 말하며 몇 번씩 써 보세요.

any	아무, 그 어떤

any ▸ any

chance	기회

chance ▸ chance

choice	선택(권)

choice ▸ choice

오늘의 문장 듣고 써 보기

MP3_118

오늘 만든 문장의 전체 발음을 듣고 소리 내어 말하며 스스로 써 보세요.

I don't have any chance.

오늘의 쓰기 날짜   월   일

오늘은 'no + 명사'라는 표현을 활용하여
어떤 것이 '하나도 없다'고 말해 봅시다.

I have no money.

저는 돈이 하나도 없어요.

no + 명사 = 0개의 ____

I have **no** + 명사 = 나는 0개의 ____ 을[를] 가지고 있다

위 문장은 결국 어떤 것이 '하나도 없다'는 말이겠죠?

아래의 단어 중 하나로 '나는 ~이[가] 하나도 없다'고 말해 보세요.

money = 돈 / **time** = 시간

▼

주어	동사	목적어
I	have	no money
나는	가지고 있다	0개의 돈을

▼

I have no money.

나는 0개의 돈을 가지고 있다.

▼

저는 돈이 하나도 없어요.

MP3_119

새로 배운 단어들의 발음을 듣고 소리 내어 말하며 몇 번씩 써 보세요.

| I have no ~ | 나는 ~이[가] 하나도 없다 |

I have no ▶ I have no

| money | 돈 |

money ▶ money

| time | 시간 |

time ▶ time

오늘의 문장 듣고 써 보기

MP3_120

오늘 만든 문장의 전체 발음을 듣고 소리 내어 말하며 스스로 써 보세요.

I have no money.

157

CHAPTER 07

내가 좋아하는 것과 싫어하는 것을 영어로 말하기

	오늘 써 볼 영어 문장
DAY 061	**I like flowers.** 저는 꽃을 좋아해요.
DAY 062	**I like fresh fruits.** 저는 신선한 과일을 좋아해요.
DAY 063	**I love my mom.** 저는 우리 엄마를 사랑해요.
DAY 064	**I love sweet snacks.** 저는 달콤한 과자를 엄청 좋아해요.
DAY 065	**I like cartoons very much.** 저는 만화를 아주 많이 좋아해요.
DAY 066	**I don't like spiders.** 저는 거미가 싫어요.
DAY 067	**I don't like spicy food.** 저는 매운 음식이 싫어요.
DAY 068	**I don't like cold weather.** 저는 추운 날씨가 싫어요.
DAY 069	**I don't like rude people.** 저는 무례한 사람들이 싫어요.
DAY 070	**I don't like winter that much.** 저는 겨울을 그다지 좋아하지 않아요.

학습 목표 & 주요 내용

- 내가 무엇을 좋아하는지 영어로 말하기 (1)
- 문장 주어 + 동사 + 목적어   단어 like, flower, tree

- 내가 무엇을 좋아하는지 영어로 말하기 (2)
- 문장 주어 + 동사 + 목적어   단어 fresh, fruit, vegetable

- 내가 무엇을 사랑하는지 영어로 말하기
- 문장 주어 + 동사 + 목적어   단어 love, mom, dad

- 내가 무엇을 '엄청' 좋아하는지 영어로 말하기
- 문장 주어 + 동사 + 목적어   단어 snack, sweet, salty

- 내가 무엇을 '아주 많이' 좋아하는지 영어로 말하기
- 문장 주어 + 동사 + 목적어 + 부사   단어 very much, cartoon, game

- 내가 무엇을 싫어하는지 영어로 말하기
- 문장 주어 + don't + 동사 + 목적어   단어 don't like, spider, snake

- 내가 '어떤 음식'을 싫어하는지 영어로 말하기
- 문장 주어 + don't + 동사 + 목적어   단어 food, spicy, greasy

- 내가 '어떤 날씨'를 싫어하는지 영어로 말하기
- 문장 주어 + don't + 동사 + 목적어   단어 weather, cold, hot

- 내가 '어떤 사람들'을 싫어하는지 영어로 말하기
- 문장 주어 + don't + 동사 + 목적어   단어 people, rude, selfish

- 내가 무엇을 '그다지' 안 좋아하는지 영어로 말하기
- 문장 주어 + don't + 동사 + 목적어 + 부사   단어 that much, winter, summer

오늘은 '좋아하다'라는 뜻의 동사 like로
'나는 ~을[를] 좋아한다'고 영어로 말해 봅시다.

I like flowers.

저는 꽃을 좋아해요.

I = 나 / like = 좋아하다

I like 명사 = 나는 _____ 을[를] 좋아한다

위 문장과 아래의 단어들로 '나는 ~을[를] 좋아한다'고 말해 보세요.

flower = 꽃 / tree = 나무

(*'여러 가지 꽃들·나무들'을 좋아하는 것이니 '복수명사'로 말해야겠죠?)

▼

주어	동사	목적어
I	like	flowers
나는	좋아한다	꽃을

▼

I like flowers.

나는 꽃을 좋아한다.

▼

저는 꽃을 좋아해요.

새로운 단어 듣고 써 보기

MP3_121

새로 배운 단어들의 발음을 듣고 소리 내어 말하며 몇 번씩 써 보세요.

like	좋아하다

like ▸ like

flower	꽃

flower ▸ flower

tree	나무

tree ▸ tree

오늘의 문장 듣고 써 보기

MP3_122

오늘 만든 문장의 전체 발음을 듣고 소리 내어 말하며 스스로 써 보세요.

I like flowers.

오늘의 쓰기 날짜   월   일

오늘은 '형용사 + 명사' 표현을 사용하여
내가 좋아하는 걸 '좀 더 자세하게' 말해 봅시다.

I like fresh fruits.

저는 신선한 과일을 좋아해요.

fruit = 과일 / fresh = 신선한

fresh fruit = 신선한 과일

위와 같이 '좋아하는 것[명사]' 앞에 '형용사'를 붙여 말하면

어떤 것을 좋아하는지 좀 더 자세하게 말할 수 있어요.

(*'야채'는 영어로 vegetable이라고 해요.)

▼

주어	동사	목적어
I	like	fresh fruits
나는	좋아한다	신선한 과일을

▼

I like fresh fruits.

나는 신선한 과일을 좋아한다.

▼

저는 신선한 과일을 좋아해요.

새로운 단어 듣고 써 보기

MP3_123

새로 배운 단어들의 발음을 듣고 소리 내어 말하며 몇 번씩 써 보세요.

| fresh | 신선한 |

fresh ▶ fresh

| fruit | 과일 |

fruit ▶ fruit

| vegetable | 야채 |

vegetable ▶ vegetable

오늘의 문장 듣고 써 보기

MP3_124

오늘 만든 문장의 전체 발음을 듣고 소리 내어 말하며 스스로 써 보세요.

I like fresh fruits.

오늘의 쓰기 날짜   월   일

오늘은 '사랑하다'라는 뜻의 동사 love로
'나는 ~을[를] 사랑한다'고 영어로 말해 봅시다.

I love my mom.

저는 우리 엄마를 사랑해요.

love = 사랑하다

I love 명사 = 나는 _____ 을[를] 사랑한다

오늘은 like보다 더욱 큰 감정인 love라는 동사로 마음을 표현해 봅시다.

아래의 단어들로 '나의 엄마·아빠를 사랑한다'고 말해 볼까요?

mom = 엄마 / dad = 아빠

▼

주어	동사	목적어
I	love	my mom
나는	사랑한다	나의 엄마를

▼

I love my mom.

나는 나의 엄마를 사랑한다.

▼

저는 우리 엄마를 사랑해요.

새로운 단어 듣고 써 보기

MP3_125

새로 배운 단어들의 발음을 듣고 소리 내어 말하며 몇 번씩 써 보세요.

love	사랑하다

love ▸ love

mom	엄마

mom ▸ mom

dad	아빠

dad ▸ dad

오늘의 문장 듣고 써 보기

MP3_126

오늘 만든 문장의 전체 발음을 듣고 소리 내어 말하며 스스로 써 보세요.

I love my mom.

064

오늘은 love라는 동사를 활용하여
'어떤 물건·음식을 엄청 좋아한다'고 말해 봅시다.

I love sweet snacks.

저는 달콤한 과자를 엄청 좋아해요.

I love **물건·음식** = 나는 _____ **을[를]** 엄청 좋아한다

I love 뒤에 사람이 아닌 물건·음식과 같은 '사물'을 넣어 말하면

그 물건·음식을 '엄청 좋아한다'는 뜻으로 해석돼요.

그럼 아래의 표현들 중 하나로 문장을 만들어 말해 볼까요?

sweet snack = 달콤한 과자 / **salty snack** = 짭짤한 과자

▼

주어	동사	목적어
I	love	sweet snacks
나는	엄청 좋아한다	달콤한 과자를

▼

I love sweet snacks.

나는 달콤한 과자를 엄청 좋아한다.

▼

저는 달콤한 과자를 엄청 좋아해요.

새로 배운 단어들의 발음을 듣고 소리 내어 말하며 몇 번씩 써 보세요.

snack	과자

snack ▸ snack

sweet	달콤한

sweet ▸ sweet

salty	짭짤한, 짠

salty ▸ salty

오늘의 문장 듣고 써 보기

MP3_128

오늘 만든 문장의 전체 발음을 듣고 소리 내어 말하며 스스로 써 보세요.

I love sweet snacks.

· DAY ·
065

오늘의 쓰기 날짜　　　월　　일

오늘은 very much라는 표현을 사용하여
'아주 많이 좋아한다'고 강조하며 말해 봅시다.

I like cartoons very much.

저는 만화를 아주 많이 좋아해요.

---

very much = 아주 많이

'**I like** ＿＿＿' 문장 맨 뒤에 **very much**를 붙여 말하면

'아주 많이 좋아한다'고 강조해서 말할 수 있어요.

그럼 아래의 단어들을 활용해 문장을 한번 만들어 볼까요?

cartoon = 만화 / **game** = 게임

▼

주어	동사	목적어	부사
I	**like**	**cartoons**	**very much**
나는	좋아한다	만화를	아주 많이

▼

I like **cartoons** very much.

나는 <u>만화를</u> 아주 많이 좋아한다.

▼

저는 만화를 아주 많이 좋아해요.

168

MP3_129

새로 배운 단어들의 발음을 듣고 소리 내어 말하며 몇 번씩 써 보세요.

very much	아주 많이

very much ▸ very much

cartoon	만화

cartoon ▸ cartoon

game	게임

game ▸ game

MP3_130

오늘 만든 문장의 전체 발음을 듣고 소리 내어 말하며 스스로 써 보세요.

I like cartoons very much.

DAY 066

오늘의 쓰기 날짜   월   일

오늘은 'don't + 동사' 표현을 사용하여
어떤 것을 '좋아하지 않는다'고 말해 봅시다.

I don't like spiders.

저는 거미가 싫어요.

don't + 동사 = _____ 하지 않는다

don't **like** = 좋아하지 않는다

동사 앞에 **don't**를 붙이면 '~지 않는다'는 뜻이 돼요.

아래의 단어들로 '나는 ~을[를] 좋아하지 않는다'고 말해 볼까요?

spider = 거미 / **snake** = 뱀

▼

주어	동사	목적어
I 나는	don't like 좋아하지 않는다	spiders 거미를

▼

I don't like **spiders**.

나는 **거미를** 좋아하지 않는다.

▼

저는 거미가 싫어요.

170

새로운 단어 듣고 써 보기

MP3_131

새로 배운 단어들의 발음을 듣고 소리 내어 말하며 몇 번씩 써 보세요.

| don't like | 좋아하지 않는다 |

don't like ▸ don't like

| spider | 거미 |

spider ▸ spider

| snake | 뱀 |

snake ▸ snake

오늘의 문장 듣고 써 보기

MP3_132

오늘 만든 문장의 전체 발음을 듣고 소리 내어 말하며 스스로 써 보세요.

I don't like spiders.

오늘의 쓰기 날짜   월   일

오늘은 '형용사＋food'란 표현으로
'어떤 음식이 싫다'고 영어로 말해 봅시다.

I don't like spicy food.

저는 매운 음식이 싫어요.

food = 음식

spicy food = 매운 음식 / greasy food = 느끼한 음식

'food(음식)' 앞에 '맛을 나타내는 다양한 형용사'를 붙여 말하면

'어떤 맛의 음식이 싫다'고 말할 수 있어요.

(*'어떤 음식이 싫다'고 말할 땐 food 뒤에 -s를 안 붙여도 돼요.)

▼

주어	동사	목적어
I	don't like	spicy food
나는	좋아하지 않는다	매운 음식을

▼

I don't like spicy food.

나는 매운 음식을 좋아하지 않는다.

▼

저는 매운 음식이 싫어요.

새로운 단어 듣고 써 보기

새로 배운 단어들의 발음을 듣고 소리 내어 말하며 몇 번씩 써 보세요.

food	음식

food ▸ food

spicy	매운

spicy ▸ spicy

greasy	느끼한, 기름진

greasy ▸ greasy

오늘의 문장 듣고 써 보기

MP3_134

오늘 만든 문장의 전체 발음을 듣고 소리 내어 말하며 스스로 써 보세요.

I don't like spicy food.

오늘의 쓰기 날짜   월   일

오늘은 '형용사 + weather'라는 표현으로
'어떤 날씨가 싫다'고 영어로 말해 봅시다.

I don't like cold weather.

저는 추운 날씨가 싫어요.

weather = 날씨

cold weather = 추운 날씨 / hot weather = 더운 날씨

'weather(날씨)' 앞에 '온도를 나타내는 형용사'를 붙여 말하면

'어떤 온도의 날씨가 싫다'고 말할 수 있어요.

(*'어떤 날씨가 싫다'고 말할 땐 weather 뒤에 −s를 안 붙여도 돼요.)

▼

주어	동사	목적어
I	don't like	cold weather
나는	좋아하지 않는다	추운 날씨를

▼

I don't like cold weather.

나는 추운 날씨를 좋아하지 않는다.

▼

저는 추운 날씨가 싫어요.

새로운 단어 듣고 써 보기

MP3_135

새로 배운 단어들의 발음을 듣고 소리 내어 말하며 몇 번씩 써 보세요.

weather	날씨

weather ▸ weather

cold	추운, 차가운

cold ▸ cold

hot	더운, 뜨거운

hot ▸ hot

오늘의 문장 듣고 써 보기

MP3_136

오늘 만든 문장의 전체 발음을 듣고 소리 내어 말하며 스스로 써 보세요.

I don't like cold weather.

175

오늘은 '형용사 + people'이란 표현으로
'어떤 사람들이 싫다'고 영어로 말해 봅시다.

I don't like rude people.

저는 무례한 사람들이 싫어요.

people = 사람들

rude people = 무례한 사람들 / selfish people = 이기적인 사람들

'people(사람들)' 앞에 '성격을 나타내는 형용사'를 붙여 말하면

'어떠한 성격의 사람들이 싫다'고 말할 수 있어요.

(*people 자체가 '복수명사'라서 뒤에 -s를 안 붙여도 돼요.)

▼

주어	동사	목적어
I	don't like	rude people
나는	좋아하지 않는다	무례한 사람들을

▼

I don't like rude people.

나는 무례한 사람들을 좋아하지 않는다.

▼

저는 무례한 사람들이 싫어요.

새로운 단어 듣고 써 보기

새로 배운 단어들의 발음을 듣고 소리 내어 말하며 몇 번씩 써 보세요.

people	사람들

people ▶ people

rude	무례한

rude ▶ rude

selfish	이기적인

selfish ▶ selfish

오늘의 문장 듣고 써 보기

오늘 만든 문장의 전체 발음을 듣고 소리 내어 말하며 스스로 써 보세요.

I don't like rude people.

DAY
070

오늘의 쓰기 날짜   월   일

오늘은 that much라는 표현을 사용하여
'그렇게 많이 좋아하지 않는다'고 말해 봅시다.

I don't like winter that much.

저는 겨울을 그다지 좋아하지 않아요.

---

that much = 그렇게 많이

'I don't like ____' 문장 맨 뒤에 **that much**를 붙여 말하면

'그렇게 많이 좋아하지 않는다'고 강조해서 말할 수 있어요.

그럼 아래의 단어들을 활용해 문장을 한번 만들어 볼까요?

winter = 겨울 / **summer** = 여름

▼

주어	동사	목적어	부사
I	don't like	**winter**	that much
나는	좋아하지 않는다	겨울을	그렇게 많이

▼

I don't like **winter** that much.

나는 **겨울을** 그렇게 많이 좋아하지 않는다.

▼

저는 겨울을 그다지 좋아하지 않아요.

새로운 단어 듣고 써 보기

MP3_139

새로 배운 단어들의 발음을 듣고 소리 내어 말하며 몇 번씩 써 보세요.

that much	그렇게 많이

that much ▸ that much

winter	겨울

winter ▸ winter

summer	여름

summer ▸ summer

오늘의 문장 듣고 써 보기

MP3_140

오늘 만든 문장의 전체 발음을 듣고 소리 내어 말하며 스스로 써 보세요.

I don't like winter that much.

CHAPTER 08 나의 하루 일과를 영어로 말하기

	오늘 써 볼 영어 문장
DAY 071	**I get up at six.** 저는 6시에 일어나요.
DAY 072	**I brush my teeth every day.** 저는 매일 이를 닦아요.
DAY 073	**I wash my face every day.** 저는 매일 세수해요.
DAY 074	**I eat breakfast at seven.** 저는 7시에 아침을 먹어요.
DAY 075	**I leave home at eight.** 저는 8시에 집에서 나가요.
DAY 076	**I study with my teacher.** 저는 선생님과 함께 공부해요.
DAY 077	**I play games with my friends.** 저는 친구들과 함께 게임을 해요.
DAY 078	**I do my homework alone.** 저는 혼자서 숙제를 해요.
DAY 079	**I go to bed at nine.** 저는 9시에 자러 가요.
DAY 080	**I sleep in my room.** 저는 제 방에서 자요.

학습 목표 & 주요 내용

- 몇 시에 일어나는지 영어로 말하기
- 문장 주어 + 동사 + 전치사구   단어 get up, at, six

- 매일 이를 닦는다고 영어로 말하기
- 문장 주어 + 동사 + 목적어 + 부사   단어 brush, teeth, every day

- 매일 세수한다고 영어로 말하기
- 문장 주어 + 동사 + 목적어 + 부사   단어 wash, face, hand

- 몇 시에 아침을 먹는지 영어로 말하기
- 문장 주어 + 동사 + 목적어 + 전치사구   단어 eat, breakfast, seven

- 몇 시에 집에서 나가는지 영어로 말하기
- 문장 주어 + 동사 + 목적어 + 전치사구   단어 leave, home, eight

- 누구와 함께 공부하는지 영어로 말하기
- 문장 주어 + 동사 + 전치사구   단어 study, with, teacher

- 누구와 함께 게임을 하는지 영어로 말하기
- 문장 주어 + 동사 + 목적어 + 전치사구   단어 play, game, play games

- 혼자서 숙제를 한다고 영어로 말하기
- 문장 주어 + 동사 + 목적어 + 부사   단어 do, homework, alone

- 몇 시에 자러 가는지 영어로 말하기
- 문장 주어 + 동사 + 전치사구 + 전치사구   단어 go to, bed, nine

- 어디서 잠을 자는지 영어로 말하기
- 문장 주어 + 동사 + 전치사구   단어 sleep, in, room

오늘의 쓰기 날짜   월   일

오늘은 get up과 'at + 시간' 표현을 활용하여
내가 몇 시에 일어나는지 영어로 말해 봅시다.

I get up at six.

저는 6시에 일어나요.

get up = 일어나다

하루 중 가장 먼저 하는 일, 바로 '일어나는 것'이죠?

get up과 아래의 표현으로 몇 시에 일어나는지 말해 보세요.

at + 숫자[시간] = _____ 시에 / **six** = 6

(*at과 같은 단어들을 '전치사'라고 불러요.)

▼

주어	동사	전치사구
I	get up	at six
나는	일어난다	6시에

▼

I get up **at six**.

나는 6시에 일어난다.

▼

저는 6시에 일어나요.

MP3_141

새로 배운 단어들의 발음을 듣고 소리 내어 말하며 몇 번씩 써 보세요.

get up	일어나다

get up ▸ get up

at	~에

at ▸ at

six	6, 여섯

six ▸ six

오늘의 문장 듣고 써 보기

MP3_142

오늘 만든 문장의 전체 발음을 듣고 소리 내어 말하며 스스로 써 보세요.

I get up at six.

오늘은 brush와 every day를 활용하여
매일 이를 닦는다고 영어로 말해 봅시다.

I brush my teeth every day.

저는 매일 이를 닦아요.

brush = 칫솔질하다

일어난 다음에 이를 깨끗이 닦아야겠죠?

brush와 아래의 표현으로 '매일 이를 닦는다'고 말해 보세요.

teeth = (여러 개의) 이빨 / every day = 매일

(*'1개의 이빨'은 tooth라고 해요.)

▼

주어	동사	목적어	부사
I	brush	my teeth	every day
나는	칫솔질한다	나의 이빨을	매일

▼

I brush **my teeth every day**.

나는 매일 나의 이빨을 칫솔질한다.

▼

저는 매일 이를 닦아요.

새로운 단어 듣고 써 보기

새로 배운 단어들의 발음을 듣고 소리 내어 말하며 몇 번씩 써 보세요.

brush	칫솔질하다

brush ▸ brush

teeth	(여러 개의) 이빨

teeth ▸ teeth

every day	매일

every day ▸ every day

오늘의 문장 듣고 써 보기

오늘 만든 문장의 전체 발음을 듣고 소리 내어 말하며 스스로 써 보세요.

I brush my teeth every day.

오늘은 wash와 every day를 활용하여
매일 세수한다고 영어로 말해 보세요.

I wash my face every day.

저는 매일 세수해요.

wash = 씻다

오늘은 **wash**라는 동사와 아래의 단어들로

'얼굴을 씻는다(혹은 '손을 씻는다')'고 말해 보세요.

face = 얼굴 / **hand** = 손

(*손을 씻을 땐 '양손'이니까 '복수명사(**hands**)'를 써야 해요.)

▼

주어	동사	목적어	부사
I	wash	my face	every day
나는	씻는다	나의 얼굴을	매일

▼

I wash my face every day.

나는 매일 나의 얼굴을 씻는다.

▼

저는 매일 세수해요.

MP3_145

새로 배운 단어들의 발음을 듣고 소리 내어 말하며 몇 번씩 써 보세요.

wash	씻다

wash ▸ wash

face	얼굴

face ▸ face

hand	손

hand ▸ hand

오늘의 문장 듣고 써 보기

MP3_146

오늘 만든 문장의 전체 발음을 듣고 소리 내어 말하며 스스로 써 보세요.

I wash my face every day.

오늘의 쓰기 날짜   월   일

오늘은 eat과 'at + 시간' 표현을 활용하여
몇 시에 아침을 먹는지 영어로 말해 보세요.

I eat breakfast at seven.

저는 7시에 아침을 먹어요.

---

eat = 먹다

오늘은 **eat**라는 동사와 아래의 단어들로
'7시에 아침을 먹는다'고 영어로 말해 보세요.

breakfast = 아침식사 / **seven** = 7

(*breakfast 앞엔 **a[an]**을 안 붙여도 돼요.)

▼

주어	동사	목적어	전치사구
I	eat	breakfast	at seven
나는	먹는다	아침식사를	7시에

▼

I eat breakfast at seven.

나는 7시에 아침식사를 먹는다.

▼

저는 7시에 아침을 먹어요.

새로운 단어 듣고 써 보기

MP3_147

새로 배운 단어들의 발음을 듣고 소리 내어 말하며 몇 번씩 써 보세요.

eat	먹다

eat ▸ eat

breakfast	아침식사

breakfast ▸ breakfast

seven	7, 일곱

seven ▸ seven

오늘의 문장 듣고 써 보기

MP3_148

오늘 만든 문장의 전체 발음을 듣고 소리 내어 말하며 스스로 써 보세요.

I eat breakfast at seven.

오늘은 leave와 'at + 시간' 표현을 활용하여
몇 시에 집에서 나가는지 영어로 말해 보세요.

I leave home at eight.

저는 8시에 집에서 나가요.

leave = 나가다, 떠나다

오늘은 **leave**라는 동사와 아래의 단어들로

'(학교 가러) 8시에 집에서 나간다'고 영어로 말해 보세요.

home = 집 / **eight** = 8

(*home 앞엔 **a[an]**을 안 붙여도 돼요.)

▼

주어	동사	목적어	전치사구
I	leave	home	at eight
나는	나간다	집을	8시에

▼

I leave home at eight.

나는 8시에 집을 나간다.

▼

저는 8시에 집에서 나가요.

190

새로운 단어 듣고 써 보기

MP3_149

새로 배운 단어들의 발음을 듣고 소리 내어 말하며 몇 번씩 써 보세요.

leave	나가다, 떠나다

leave ▸ leave

home	집

home ▸ home

eight	8, 여덟

eight ▸ eight

오늘의 문장 듣고 써 보기

MP3_150

오늘 만든 문장의 전체 발음을 듣고 소리 내어 말하며 스스로 써 보세요.

I leave home at eight.

오늘은 study와 'with + 사람' 표현을 활용하여
누구와 함께 공부하는지 영어로 말해 봅시다.

I study with my teacher.

저는 선생님과 함께 공부해요.

---

study = 공부하다

오늘은 **study**라는 동사와 아래의 표현과 단어로

'선생님과 함께 공부한다'고 영어로 말해 보세요.

with + 명사[사람] = ＿＿＿와[과] 함께 / **teacher** = 선생님

(***with**도 앞서 배운 **at**과 같이 '전치사'라고 불러요.)

▼

주어	동사	전치사구
I 나는	study 공부한다	with my teacher 나의 선생님과 함께

▼

I study with my teacher.

나는 **나의 선생님과 함께** 공부한다.

▼

저는 선생님과 함께 공부해요.

MP3_151

새로 배운 단어들의 발음을 듣고 소리 내어 말하며 몇 번씩 써 보세요.

study	공부하다

study ▸ study

with	~와[과] 함께

with ▸ with

teacher	선생님

teacher ▸ teacher

오늘의 문장 듣고 써 보기

MP3_152

오늘 만든 문장의 전체 발음을 듣고 소리 내어 말하며 스스로 써 보세요.

I study with my teacher.

193

오늘은 play와 'with + 사람' 표현을 활용하여
누구와 게임을 하며 노는지 영어로 말해 보세요.

I play games with my friends.

저는 친구들과 함께 게임을 해요.

play = (놀이·게임 등을) 하다; 놀다

오늘은 **play**라는 동사와 아래의 단어들로

'친구들과 함께 게임을 한다'고 영어로 말해 보세요.

game = 게임 / **friend** = 친구

(*'여러 종류의 게임'을 하는 것이니 '복수명사(**games**)'를 써야 해요.)

▼

주어	동사	목적어	전치사구
I	play	games	with my friends
나는	한다	게임을	나의 친구들과 함께

▼

I play games with my friends.

나는 나의 친구들과 함께 게임을 한다.

▼

저는 친구들과 함께 게임을 해요.

MP3_153

새로 배운 단어들의 발음을 듣고 소리 내어 말하며 몇 번씩 써 보세요.

play	(놀이·게임 등을) 하다; 놀다

play ▸ play

game	게임

game ▸ game

play games	게임을 하다

play games ▸ play games

오늘의 문장 듣고 써 보기

MP3_154

오늘 만든 문장의 전체 발음을 듣고 소리 내어 말하며 스스로 써 보세요.

I play games with my friends.

195

오늘의 쓰기 날짜　　　월　　　일

오늘은 do, homework, alone을 활용하여
혼자서 숙제한다고 영어로 말해 보세요.

I do my homework alone.

저는 혼자서 숙제를 해요.

do = (어떤 동작·행위를) 하다

do는 정말 다양하게 쓸 수 있는 중요한 동사예요.

오늘은 do라는 동사와 아래의 단어들로

'혼자서 숙제를 한다'고 영어로 말해 보세요.

homework = 숙제 / alone = 혼자서

▼

주어	동사	목적어	부사
I	do	my homework	alone
나는	한다	나의 숙제를	혼자서

▼

I do my homework alone.

나는 혼자서 나의 숙제를 한다.

▼

저는 혼자서 숙제를 해요.

새로운 단어 듣고 써 보기

MP3_155

새로 배운 단어들의 발음을 듣고 소리 내어 말하며 몇 번씩 써 보세요.

do	(어떤 동작·행위를) 하다

do ▸ do

homework	숙제

homework ▸ homework

alone	혼자서

alone ▸ alone

오늘의 문장 듣고 써 보기

MP3_156

오늘 만든 문장의 전체 발음을 듣고 소리 내어 말하며 스스로 써 보세요.

I do my homewor alone.

오늘은 go와 'to + 장소, at + 시간'이란 표현으로
몇 시에 자러 가는지 영어로 말해 봅시다.

I go to bed at nine.

저는 9시에 자러 가요.

go = 가다

오늘은 **go**와 아래의 표현들로 '9시에 침대로[자러] 간다'고 말해 보세요.

to + 명사[장소] = _____ (으)로 / **bed** = 침대 / **nine** = 9

(***to**도 앞서 배운 **at, with**와 같이 '전치사'라고 불러요.

그리고 '침대로[자러] 간다'고 할 땐 **bed** 앞에 **a[an]**을 안 붙여도 돼요.)

▼

주어	동사	전치사구	전치사구
I	**go**	**to bed**	**at nine**
나는	간다	침대로	9시에

▼

I go to bed at nine.

나는 9시에 침대로 간다.

▼

저는 9시에 자러 가요.

새로운 단어 듣고 써 보기

MP3_157

새로 배운 단어들의 발음을 듣고 소리 내어 말하며 몇 번씩 써 보세요.

go to	~(으)로 가다

go to ▸ go to

bed	침대

bed ▸ bed

nine	9, 아홉

nine ▸ nine

오늘의 문장 듣고 써 보기

MP3_158

오늘 만든 문장의 전체 발음을 듣고 소리 내어 말하며 스스로 써 보세요.

I go to bed at nine.

오늘의 쓰기 날짜   월   일

오늘은 sleep과 'in + 장소' 표현을 활용하여
내 방에서 잠을 잔다고 영어로 말해 봅시다.

I sleep in my room.

저는 제 방에서 자요.

sleep = (잠을) 자다

오늘은 **sleep**이라는 동사와 아래의 표현과 단어로

'내 방에서 잠을 잔다'고 영어로 말해 보세요.

in + 명사[장소] = ____ 안에서 / **room** = 방

(*in도 앞서 배운 **at, with, to**와 같이 '전치사'라고 불러요.)

▼

주어	동사	전치사구
I	sleep	in my room
나는	잔다	나의 방 안에서

▼

I sleep in my room.

나는 나의 방 안에서 잔다.

▼

저는 제 방에서 자요.

MP3_159

새로 배운 단어들의 발음을 듣고 소리 내어 말하며 몇 번씩 써 보세요.

| sleep | (잠을) 자다 |

sleep ▸ sleep

| in | ~안에서 |

in ▸ in

| room | 방 |

room ▸ room

오늘의 문장 듣고 써 보기

MP3_160

오늘 만든 문장의 전체 발음을 듣고 소리 내어 말하며 스스로 써 보세요.

I sleep in my room.

너, 그, 그녀, 우리, 그들이 뭘 하는지 영어로 말하기

	오늘 써 볼 영어 문장
DAY 081	**You sing well.** 너는 노래를 잘해.
DAY 082	**He walks fast.** 그는 빨리 걸어요.
DAY 083	**She talks slowly.** 그녀는 느리게 말해요.
DAY 084	**We eat lunch together.** 우리는 점심을 같이 먹어요.
DAY 085	**They watch movies often.** 그들은 영화를 자주 봐요.
DAY 086	**You don't work hard.** 너는 열심히 일하지 않아.
DAY 087	**He doesn't speak English.** 그는 영어를 못 해요.
DAY 088	**She doesn't wear skirts.** 그녀는 치마를 입지 않아요.
DAY 089	**We don't drink coffee.** 우리는 커피를 마시지 않아요.
DAY 090	**They don't eat meat.** 그들은 고기를 먹지 않아요.

학습 목표 & 주요 내용

- '너는[당신은] ~한다'고 영어로 말하기
- 문장 주어 + 동사 + 부사　단어 sing, dance, well

- '그는 ~한다'고 영어로 말하기
- 문장 주어 + 동사 + 부사　단어 walk, run, fast

- '그녀는 ~한다'고 영어로 말하기
- 문장 주어 + 동사 + 부사　단어 talk, read, slowly

- '우리는 ~한다'고 영어로 말하기
- 문장 주어 + 동사 + 목적어 + 부사　단어 lunch, dinner, together

- '그들은 ~한다'고 영어로 말하기
- 문장 주어 + 동사 + 목적어 + 부사　단어 watch, movie, often

- '너는[당신은] ~하지 않는다'고 영어로 말하기
- 문장 주어 + don't + 동사 + 부사　단어 You don't, work, hard

- '그는 ~하지 않는다'고 영어로 말하기
- 문장 주어 + doesn't + 동사 + 목적어　단어 He doesn't, speak, English

- '그녀는 ~하지 않는다'고 영어로 말하기
- 문장 주어 + doesn't + 동사 + 목적어　단어 She doesn't, wear, skirt

- '우리는 ~하지 않는다'고 영어로 말하기
- 문장 주어 + don't + 동사 + 목적어　단어 We don't, drink, coffee

- '그들은 ~하지 않는다'고 영어로 말하기
- 문장 주어 + don't + 동사 + 목적어　단어 They don't, meat, fish

오늘은 You라는 주어를 활용하여
'너는[당신은] ~한다'고 영어로 말해 봅시다.

You sing well.

너는 노래를 잘해.

You + 동사 = 너는[당신은] ____ 한다

위의 문장과 아래의 단어들을 활용하여

'You(너, 당신)'이라는 사람이

'노래를 잘한다(혹은 '춤을 잘 춘다')'고 영어로 말해 보세요.

sing = 노래하다 / dance = 춤추다 / well = 잘

▼

주어	동사	부사
You 너는	sing 노래한다	well 잘

▼

You sing well.

너는 잘 노래한다.

▼

너는 노래를 잘해.

새로운 단어 듣고 써 보기

MP3_161

새로 배운 단어들의 발음을 듣고 소리 내어 말하며 몇 번씩 써 보세요.

sing	노래하다

sing ▸ sing

dance	춤추다

dance ▸ dance

well	잘

well ▸ well

오늘의 문장 듣고 써 보기

MP3_162

오늘 만든 문장의 전체 발음을 듣고 소리 내어 말하며 스스로 써 보세요.

You sing well.

오늘은 He라는 주어를 활용하여
'그는 ~한다'는 문장을 영어로 말해 봅시다.

He walks fast.

그는 빨리 걸어요.

He + 동사-s = 그는 _____ 한다

주어가 'He(그)'일 땐 동사 끝에 '-s'를 붙여 말해야 해요.

그럼 '그는 빨리 걷는다(혹은 '빨리 뛴다')'고 영어로 말해 볼까요?

walk = 걷다 / run = 뛰다 / fast = 빨리

(*walk에서 'l'은 발음되지 않아요.)

▼

주어	동사	부사
He 그는	walks 걷는다	fast 빨리

▼

He walks fast.

그는 빨리 걷는다.

▼

그는 빨리 걸어요.

새로운 단어 듣고 써 보기

MP3_163

새로 배운 단어들의 발음을 듣고 소리 내어 말하며 몇 번씩 써 보세요.

walk	걷다

walk ▸ walk

run	뛰다

run ▸ run

fast	빨리

fast ▸ fast

오늘의 문장 듣고 써 보기

MP3_164

오늘 만든 문장의 전체 발음을 듣고 소리 내어 말하며 스스로 써 보세요.

He walks fast.

오늘의 쓰기 날짜   월   일

오늘은 She라는 주어를 활용하여
'그녀는 ~한다'는 문장을 영어로 말해 봅시다.

She talks slowly.

그녀는 느리게 말해요.

She + 동사-s = 그녀는 ____ 한다

주어가 'She(그녀)'일 땐 동사 끝에 '-s'를 붙여 말해야 해요.

그럼 '그녀는 느리게 말한다(혹은 '느리게 읽는다')'고 영어로 말해 볼까요?

talk = 말하다 / **read** = 읽다 / **slowly** = 느리게

(***talk**에서 'l'은 발음되지 않아요.)

▼

주어	동사	부사
She	talks	slowly
그녀는	말한다	느리게

▼

She talks **slowly**.

그녀는 느리게 말한다.

▼

그녀는 느리게 말해요.

MP3_165

새로 배운 단어들의 발음을 듣고 소리 내어 말하며 몇 번씩 써 보세요.

| talk | 말하다 |

talk ▸ talk

| read | 읽다 |

read ▸ read

| slowly | 느리게 |

slowly ▸ slowly

오늘의 문장 듣고 써 보기

MP3_166

오늘 만든 문장의 전체 발음을 듣고 소리 내어 말하며 스스로 써 보세요.

She talks slowly.

084

오늘은 We라는 주어를 활용하여
'우리는 ~한다'는 문장을 영어로 말해 봅시다.

We eat lunch together.

우리는 점심을 같이 먹어요.

We + 동사 = 우리는 ____ 한다

위의 문장과 아래의 단어들을 활용하여

'우리는 점심(혹은 저녁)을 같이 먹는다'고 영어로 말해 보세요.

lunch = 점심식사 / **dinner** = 저녁식사 / **together** = 함께

(***lunch, dinner** 앞에 **a[an]**을 붙이거나 '복수명사[**-s**]'로 쓰지 않아도 돼요.)

▼

주어	동사	목적어	부사
We	**eat**	**lunch**	**together**
우리는	먹는다	점심식사를	함께

▼

We eat lunch together.

우리는 함께 점심을 먹는다.

▼

우리는 점심을 같이 먹어요.

210

새로운 단어 듣고 써 보기

MP3_167

새로 배운 단어들의 발음을 듣고 소리 내어 말하며 몇 번씩 써 보세요.

| lunch | 점심식사 |

lunch ▸ lunch

| dinner | 저녁식사 |

dinner ▸ dinner

| together | 함께 |

together ▸ together

오늘의 문장 듣고 써 보기

MP3_168

오늘 만든 문장의 전체 발음을 듣고 소리 내어 말하며 스스로 써 보세요.

We eat lunch together.

오늘의 쓰기 날짜   월   일

오늘은 They라는 주어를 활용하여
'그들은 ~한다'는 문장을 영어로 말해 봅시다.

They watch movies often.

그들은 영화를 자주 봐요.

They + 동사 = 그들은 _____ 한다

위의 문장과 아래의 단어들을 활용하여

'그들은 영화를 자주 본다'고 영어로 말해 보세요.

watch = 보다 / **movie** = 영화 / **often** = 자주

(*여러 편의 영화를 보는 것이니 '복수명사(**movies**)'를 써야 해요.)

▼

주어	동사	목적어	부사
They	**watch**	**movies**	**often**
그들은	본다	영화를	자주

▼

They watch **movies often.**

그들은 자주 영화를 본다.

▼

그들은 영화를 자주 봐요.

새로운 단어 듣고 써 보기

MP3_169

새로 배운 단어들의 발음을 듣고 소리 내어 말하며 몇 번씩 써 보세요.

watch	보다, 관람하다

watch ▸ watch

movie	영화

movie ▸ movie

often	자주

often ▸ often

오늘의 문장 듣고 써 보기

MP3_170

오늘 만든 문장의 전체 발음을 듣고 소리 내어 말하며 스스로 써 보세요.

They watch movies often.

오늘은 'You don't ~'이라는 표현을 활용해
'너는 ~하지 않는다'고 영어로 말해 봅시다.

You don't work hard.

너는 열심히 일하지 않아.

You + **don't** + 동사 = 너는[당신은] ____ 하지 않는다

동사 앞에 **don't**를 붙이면 '~하지 않는다'는 뜻이 돼요.

오늘은 **You don't**와 아래의 단어들을 활용해

'너는 열심히 일하지 않는다'고 영어로 말해 보세요.

work = 일하다 / **hard** = 열심히

▼

주어	동사	부사
You	**don't work**	**hard**
너는	일하지 않는다	열심히

▼

You don't work **hard**.

너는 열심히 일하지 않는다.

▼

너는 열심히 일하지 않아.

새로운 단어 듣고 써 보기

새로 배운 단어들의 발음을 듣고 소리 내어 말하며 몇 번씩 써 보세요.

You don't ~	너는[당신은] ~하지 않는다

You don't ▶ You don't

work	일하다

work ▶ work

hard	열심히

hard ▶ hard

오늘의 문장 듣고 써 보기

오늘 만든 문장의 전체 발음을 듣고 소리 내어 말하며 스스로 써 보세요.

You don't work hard.

오늘은 'He doesn't ~'라는 표현을 활용해
'그는 ~하지 않는다'고 영어로 말해 봅시다.

He doesn't speak English.

그는 영어를 못 해요.

He + **doesn't** + 동사 = 그는 _____ 하지 않는다

주어가 'He(그)'일 땐 '**doesn't** + 동사'를 써야 해요.

아래의 단어들로 '그는 영어를 말하지 않는다'고 말해 볼까요?

speak = 말하다 / **English** = 영어

(*English는 앞 글자를 항상 대문자로 써야 해요.)

▼

주어	동사	목적어
He	doesn't speak	English
그는	말하지 않는다	영어를

▼

He doesn't speak **English**.

그는 영어를 말하지 않는다.

▼

그는 영어를 못 해요.

MP3_173

새로 배운 단어들의 발음을 듣고 소리 내어 말하며 몇 번씩 써 보세요.

He doesn't ~	그는 ~하지 않는다

He doesn't ▶ He doesn't

speak	말하다

speak ▶ speak

English	영어

English ▶ English

오늘의 문장 듣고 써 보기

MP3_174

오늘 만든 문장의 전체 발음을 듣고 소리 내어 말하며 스스로 써 보세요.

He doesn't speak English.

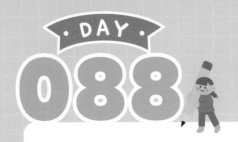

· DAY ·
088

오늘의 쓰기 날짜　　월　　일

오늘은 She doesn't ~'라는 표현을 활용해
'그녀는 ~하지 않는다'고 영어로 말해 봅시다.

She doesn't wear skirts.

그녀는 치마를 입지 않아요.

She + **doesn't** + 동사 = 그녀는 ＿＿＿ 하지 않는다

주어가 'She(그녀)'일 땐 'doesn't + 동사'를 써야 해요.

아래의 단어들로 '그녀는 치마를 입지 않는다'고 말해 보세요.

wear = 입다 / **skirt** = 치마

(*다양한 종류의 치마를 안 입는 것이니 '복수명사(skirts)'를 써야 해요.)

▼

주어	동사	목적어
She 그녀는	doesn't wear 입지 않는다	skirts 치마를

▼

She doesn't wear skirts.

그녀는 치마를 입지 않는다.

▼

그녀는 치마를 입지 않아요.

218

MP3_175

새로 배운 단어들의 발음을 듣고 소리 내어 말하며 몇 번씩 써 보세요.

She doesn't ~	그녀는 ~하지 않는다

She doesn't ▶ She doesn't

wear	입다

wear ▶ wear

skirt	치마

skirt ▶ skirt

오늘의 문장 듣고 써 보기

MP3_176

오늘 만든 문장의 전체 발음을 듣고 소리 내어 말하며 스스로 써 보세요.

She doesn't wear skirts.

· DAY ·
089

오늘의 쓰기 날짜   월   일

오늘은 'We don't ~'라는 표현을 활용해
'우리는 ~하지 않는다'고 영어로 말해 봅시다.

We don't drink coffee.

우리는 커피를 마시지 않아요.

We + **don't** + 동사 = 우리는 _____ 하지 않는다

주어가 'We(우리)'일 땐 '**don't** + 동사'를 쓰면 돼요.

아래의 단어들로 '우리는 커피를 마시지 않는다'고 말해 보세요.

drink = 마시다 / **coffee** = 커피

(*coffee 앞에 **a[an]**을 붙이거나 '복수명사[-s]'로 쓰지 않아도 돼요.)

▼

주어	동사	목적어
We	**don't drink**	**coffee**
우리는	마시지 않는다	커피를

▼

We don't drink **coffee**.

우리는 커피를 마시지 않는다.

▼

우리는 커피를 마시지 않아요.

220

새로운 단어 듣고 써 보기

새로 배운 단어들의 발음을 듣고 소리 내어 말하며 몇 번씩 써 보세요.

We don't ~	우리는 ~하지 않는다

We don't ▸ We don't

drink	마시다

drink ▸ drink

coffee	커피

coffee ▸ coffee

오늘의 문장 듣고 써 보기

오늘 만든 문장의 전체 발음을 듣고 소리 내어 말하며 스스로 써 보세요.

We don't drink coffee.

오늘은 'They don't ~'라는 표현을 활용해
'그들은 ~하지 않는다'고 영어로 말해 봅시다.

They don't eat meat.

그들은 고기를 먹지 않아요.

They + **don't** + 동사 = 그들은 ___ 하지 않는다

주어가 'They(그들)'일 땐 '**don't** + 동사'를 쓰면 돼요.

아래의 단어들로 '그들은 고기를(혹은 생선을) 먹지 않는다'고 말해 보세요.

meat = 고기 / **fish** = 물고기, 생선

(*meat, fish 앞에 **a[an]**을 붙이거나 '복수명사[-s]'로 쓰지 않아도 돼요.)

▼

주어	동사	목적어
They	**don't eat**	**meat**
그들은	먹지 않는다	고기를

▼

They don't eat **meat**.

그들은 고기를 먹지 않는다.

▼

그들은 고기를 먹지 않아요.

MP3_179

새로 배운 단어들의 발음을 듣고 소리 내어 말하며 몇 번씩 써 보세요.

They don't ~	그들은 ~하지 않는다

They don't ▸ They don't

meat	고기

meat ▸ meat

fish	물고기, 생선

fish ▸ fish

MP3_180

오늘 만든 문장의 전체 발음을 듣고 소리 내어 말하며 스스로 써 보세요.

They don't eat meat.

'~하니? ~하나요?'라고 영어로 질문하기

	오늘 써 볼 영어 문장
DAY 091	**Do you go to school?** 너는 학교에 다니니?
DAY 092	**Do you like chocolate?** 너 초콜릿 좋아하니?
DAY 093	**Do you have a pen?** 너 펜 하나 있니?
DAY 094	**Do you live in Seoul?** 너는 서울에 살고 있니?
DAY 095	**Does he live here?** 그는 여기 사나요?
DAY 096	**Does he play soccer?** 그는 축구를 하나요?
DAY 097	**Does she like music?** 그녀는 음악을 좋아하나요?
DAY 098	**Does she play the piano?** 그녀는 피아노를 치나요?
DAY 099	**Do we know each other?** 우리가 서로 아나요?
DAY 100	**Do they travel often?** 그들은 여행을 자주 하나요?

학습 목표 & 주요 내용

- '너는 ~하니?'라고 영어로 질문하기
  - 문장 Do + 주어 + 동사 + 전치사구?   단어 Do you, school, church

- '너는 ~을[를] 좋아하니?'라고 영어로 질문하기
  - 문장 Do + 주어 + 동사 + 목적어?   단어 chocolate, ice cream, pizza

- '너는 ~을[를] 가지고 있니?'라고 영어로 질문하기
  - 문장 Do + 주어 + 동사 + 목적어?   단어 pen, pencil, paper

- '너는 ~에 사니?'라고 영어로 질문하기
  - 문장 Do + 주어 + 동사 + 전치사구?   단어 live, Seoul, New York

- '그는 ~하니?'라고 영어로 질문하기 (1)
  - 문장 Does + 주어 + 동사 + 부사?   단어 Does he, here, there

- '그는 ~하니?'라고 영어로 질문하기 (2)
  - 문장 Does + 주어 + 동사 + 목적어?   단어 play, soccer, baseball

- '그녀는 ~하니?'라고 영어로 질문하기 (1)
  - 문장 Does + 주어 + 동사 + 목적어?   단어 Does she, music, art

- '그녀는 ~하니?'라고 영어로 질문하기 (2)
  - 문장 Does + 주어 + 동사 + 목적어?   단어 play, piano, violin

- '우리가 ~하니?'라고 영어로 질문하기
  - 문장 Do + 주어 + 동사 + 목적어?   단어 Do we, know, each other

- '그들은 ~하니?'라고 영어로 질문하기
  - 문장 Do + 주어 + 동사 + 부사?   단어 Do they, travel, meet

오늘은 'Do you ~?'라는 표현을 활용해
'너는 ~하니?'라고 영어로 질문해 봅시다.

Do you go to school?

너는 학교에 다니니?

Do you 동사? = 너는 ____ 하니?

'**You** + 동사' 앞에 **Do**를 붙이면 '질문[의문문]'으로 변해요.

그리고 이처럼 질문으로 변하게끔 돕는 **Do**를 '조동사'라고 해요.

아래의 단어들로 '너는 학교(혹은 교회)에 가니[다니니]?'라고 질문해 보세요.

school = 학교 / **church** = 교회

▼

조동사	주어	동사	전치사구
Do	**you**	**go**	**to school?**
~니?	너는	간다	학교로

▼

Do you go to school?

너는 학교로 가니?

▼

너는 학교에 다니니?

MP3_181

새로 배운 단어들의 발음을 듣고 소리 내어 말하며 몇 번씩 써 보세요.

Do you ~?	너는[당신은] ~하니[하나요]?

Do you ▸ Do you

school	학교

school ▸ school

church	교회

church ▸ church

MP3_182

오늘 만든 문장의 전체 발음을 듣고 소리 내어 말하며 스스로 써 보세요.

Do you go to school?

오늘의 쓰기 날짜 　　월　　일

오늘은 'Do you like ~?'라는 표현을 활용해
'너는 ~을[를] 좋아하니?'라고 질문해 봅시다.

Do you like chocolate?

너 초콜릿 좋아하니?

Do you like 명사? = 너는 　　　을[를] 좋아하니?

오늘은 위 문장과 아래의 단어들 중 하나로

'너는 ~을[를] 좋아하니?'라고 질문해 보세요.

chocolate = 초콜릿 / **ice cream** = 아이스크림 / **pizza** = 피자

(*세 단어 모두 앞에 **a[an]**을 붙이거나 '복수명사[**-s**]'로 쓰지 않아도 돼요.)

▼

조동사	주어	동사	목적어
Do	you	like	chocolate?
~니?	너는	좋아한다	초콜릿을

▼

Do you like chocolate?

너는 초콜릿을 좋아하니?

▼

너 초콜릿 좋아하니?

MP3_183

새로 배운 단어들의 발음을 듣고 소리 내어 말하며 몇 번씩 써 보세요.

| chocolate | 초콜릿 |

chocolate ▸ chocolate

| ice cream | 아이스크림 |

ice cream ▸ ice cream

| pizza | 피자 |

pizza ▸ pizza

오늘의 문장 듣고 써 보기

MP3_184

오늘 만든 문장의 전체 발음을 듣고 소리 내어 말하며 스스로 써 보세요.

Do you like chocolate?

229

오늘은 'Do you have ~?'라는 표현을 활용해
'너는 ~을[를] 가지고 있니?'라고 질문해 봅시다.

Do you have a pen?

너 펜 하나 있니?

Do you have 명사? = 너는 _____을[를] 가지고 있니?

오늘은 위 문장과 아래의 단어들 중 하나로

'너는 ~을[를] 가지고 있니?'라고 질문해 보세요.

(*위 문장은 빌리고 싶은 물건을 상대방이 갖고 있는지 물어볼 때 잘 써요.)

pen = 펜 / **pencil** = 연필 / **paper** = 종이

▼

조동사	주어	동사	목적어
Do	**you**	**have**	**a pen?**
~니?	너는	가지고 있다	1개의 펜을

▼

Do you have a pen?

너는 1개의 펜을 가지고 있니?

▼

너 펜 하나 있니?

새로 배운 단어들의 발음을 듣고 소리 내어 말하며 몇 번씩 써 보세요.

| pen | 펜 |

pen ▸ pen

| pencil | 연필 |

pencil ▸ pencil

| paper | 종이 |

paper ▸ paper

오늘의 문장 듣고 써 보기

MP3_186

오늘 만든 문장의 전체 발음을 듣고 소리 내어 말하며 스스로 써 보세요.

Do you have a pen?

오늘은 'Do you live in ~?'이라는 표현을 활용해
'너는 ~에 살고 있니?'라고 질문해 봅시다.

Do you live in Seoul?

너는 서울에 살고 있니?

Do you live in + 명사[장소]? = 너는 ____에 사니?

오늘은 위 문장과 아래의 도시들 중 하나를 골라

'너는 ~에 사니?'라고 질문해 보세요.

Seoul = 서울 / **New York** = 뉴욕

(*도시 이름은 앞 글자를 항상 대문자로 써야 해요.)

▼

조동사	주어	동사	전치사구
Do	**you**	**live**	**in Seoul?**
~니?	너는	살다	서울에

▼

Do you live in Seoul?

너는 서울에 사니?

▼

너는 서울에 살고 있니?

새로운 단어 듣고 써 보기

MP3_187

새로 배운 단어들의 발음을 듣고 소리 내어 말하며 몇 번씩 써 보세요.

live	살다

live ▸ live

Seoul	서울

Seoul ▸ Seoul

New York	뉴욕

New York ▸ New York

오늘의 문장 듣고 써 보기

MP3_188

오늘 만든 문장의 전체 발음을 듣고 소리 내어 말하며 스스로 써 보세요.

Do you live in Seoul?

233

DAY 095

오늘은 'Does he ~?'라는 표현을 활용해
'그는 ~하니?'라고 영어로 질문해 봅시다.

Does he live here?

그는 여기 사나요?

Does he 동사? = 그는 _____ 하니?

주어가 'He(그)'일 땐 Do 대신 Does로 질문[의문문]을 만들어요.

그럼 위 문장과 아래의 단어들을 활용해

'그는 여기[혹은 저기] 사니?'라고 질문해 볼까요?

here = 여기(에) / there = 저기(에)

▼

조동사	주어	동사	부사
Does	he	live	**here?**
~니?	그는	산다	여기

▼

Does he live **here?**

그는 여기 사니?

▼

그는 여기 사나요?

MP3_189

새로 배운 단어들의 발음을 듣고 소리 내어 말하며 몇 번씩 써 보세요.

Does he ~?	그는 ~하니?

Does he ▸ Does he

here	여기(에)

here ▸ here

there	저기(에)

there ▸ there

오늘의 문장 듣고 써 보기

MP3_190

오늘 만든 문장의 전체 발음을 듣고 소리 내어 말하며 스스로 써 보세요.

Does he live here?

오늘의 쓰기 날짜   월   일

오늘은 'play + 운동 종목'이란 표현을 활용해
'그가 ~(라는 운동)을 하니?'라고 질문해 봅시다.

Does he play soccer?

그는 축구를 하나요?

play + 운동 종목 = _____ (라는 운동)을 하다

오늘은 위 표현과 아래의 운동 종목 중 하나를 골라

'그는 ~(라는 운동)을 하니?'라고 질문해 보세요.

soccer = 축구 / **baseball** = 야구

(*어떠한 종목의 운동을 한다고 말할 땐 앞에 **a[an]**을 안 붙여도 돼요.)

▼

조동사	주어	동사	목적어
Does	he	play	soccer?
~니?	그는	한다	축구를

▼

Does he play soccer?

그는 축구를 하니?

▼

그는 축구를 하나요?

MP3_191

새로 배운 단어들의 발음을 듣고 소리 내어 말하며 몇 번씩 써 보세요.

| play | (어떠한 종목의 운동을) 하다 |

play ▸ play

| soccer | 축구 |

soccer ▸ soccer

| baseball | 야구 |

baseball ▸ baseball

오늘의 문장 듣고 써 보기

MP3_192

오늘 만든 문장의 전체 발음을 듣고 소리 내어 말하며 스스로 써 보세요.

Does he play soccer?

오늘의 쓰기 날짜   월   일

오늘은 'Does she ~?'라는 표현을 활용해
'그녀는 ~하니?'라고 영어로 질문해 봅시다.

Does she like music?

그녀는 음악을 좋아하나요?

Does she 동사? = 그녀는 _____ 하니?

주어가 'She(그녀)'일 땐 Do 대신 Does로 질문[의문문]을 만들어요.

그럼 아래의 단어들로 '그녀는 ~을[를] 좋아하니?'라고 질문해 볼까요?

music = 음악 / art = 미술; 예술

(*music, art 앞에 a[an]을 붙이거나 '복수명사[-s]'로 쓰지 않아도 돼요.)

▼

조동사	주어	동사	목적어
Does	she	like	music?
~니?	그녀는	좋아한다	음악을

▼

Does she like music?

그녀는 음악을 좋아하니?

▼

그녀는 음악을 좋아하나요?

새로운 단어 듣고 써 보기

MP3_193

새로 배운 단어들의 발음을 듣고 소리 내어 말하며 몇 번씩 써 보세요.

Does she ~?	그녀는 ~하니?

Does she ▸ Does she

music	음악

music ▸ music

art	미술; 예술

art ▸ art

오늘의 문장 듣고 써 보기

MP3_194

오늘 만든 문장의 전체 발음을 듣고 소리 내어 말하며 스스로 써 보세요.

Does she like music?

오늘은 'play + 악기'라는 표현을 활용해
'그녀는 ~을[를] 연주하니?'라고 질문해 봅시다.

Does she play the piano?

그녀는 피아노를 치나요?

play + 악기 = ___ 을[를] 연주하다

오늘은 위 표현과 아래의 악기들 중 하나를 골라

'그녀는 ~을[를] 연주하니?'라고 질문해 보세요.

piano = 피아노 / **violin** = 바이올린

(*어떠한 악기를 연주한다고 할 땐 <u>악기 앞에</u> **the**라는 걸 붙여 말해요.)

▼

조동사	주어	동사	목적어
Does	she	play	the piano?
~니?	그녀는	연주한다	피아노를

▼

Does she play **the piano**?

그녀는 피아노를 연주하니?

▼

그녀는 피아노를 치나요?

새로운 단어 듣고 써 보기

MP3_195

새로 배운 단어들의 발음을 듣고 소리 내어 말하며 몇 번씩 써 보세요.

play	(어떠한 악기를) 연주하다

play ▸ play

piano	피아노

piano ▸ piano

violin	바이올린

violin ▸ violin

오늘의 문장 듣고 써 보기

MP3_196

오늘 만든 문장의 전체 발음을 듣고 소리 내어 말하며 스스로 써 보세요.

Does she play the piano?

오늘의 쓰기 날짜   월   일

오늘은 'Do we ~?'라는 표현을 활용해
'우리가 ~하니?'라고 영어로 질문해 봅시다.

Do we know each other?

우리가 서로 아나요?

Do we **동사**? = 우리가 _____하니?

주어가 '**We**(우리)'일 땐 **Do**로 질문[의문문]을 만들어요.

그럼 아래의 단어들로 '우리가 서로 아나요?'라고 질문해 볼까요?

know = 알다 / **each other** = 서로

(***know**에서 **k**는 발음되지 않아요.)

▼

조동사	주어	동사	목적어
Do	**we**	**know**	**each other?**
~니?	우리가	안다	서로를

▼

Do we know each other?

우리가 서로를 아니?

▼

우리가 서로 아나요?

새로운 단어 듣고 써 보기

MP3_197

새로 배운 단어들의 발음을 듣고 소리 내어 말하며 몇 번씩 써 보세요.

Do we ~?	우리가 ~하니?

Do we ▸ Do we

know	알다

know ▸ know

each other	서로

each other ▸ each other

오늘의 문장 듣고 써 보기

MP3_198

오늘 만든 문장의 전체 발음을 듣고 소리 내어 말하며 스스로 써 보세요.

Do we know each other?

오늘은 'Do they ~?'라는 표현을 활용해
'그들은 ~하니?'라고 영어로 질문해 봅시다.

Do they travel often?

그들은 여행을 자주 하나요?

Do they 동사? = 그들은 ____ 하니?

주어가 'They(우리)'일 땐 **Do**로 질문[의문문]을 만들어요.

그럼 아래의 단어들 중 하나를 골라

'그들이 자주 ~하나요?'라고 질문해 보세요.

travel = 여행하다 / **meet** = 만나다

▼

조동사	주어	동사	부사
Do	**they**	**travel**	**often?**
~니?	그들은	여행한다	자주

▼

Do they travel often?

그들은 자주 여행하니?

▼

그들은 여행을 자주 하나요?

새로운 단어 듣고 써 보기

MP3_199

새로 배운 단어들의 발음을 듣고 소리 내어 말하며 몇 번씩 써 보세요.

Do they ~?	그들은 ~하니?

Do they ▸ Do they

travel	여행하다

travel ▸ travel

meet	만나다

meet ▸ meet

오늘의 문장 듣고 써 보기

MP3_200

오늘 만든 문장의 전체 발음을 듣고 소리 내어 말하며 스스로 써 보세요.

Do they travel often?

영어 단어 INDEX

그동안 정말 잘 했어요 여러분! 이번 시간엔 지금까지 배운 모든 영어 단어들을 알파벳 순서로 정리해 놓았어요. 잘 기억나지 않는 단어들은 맨 왼쪽 박스(□)에 체크 표시를 한 뒤 맨 오른쪽에 표시된 페이지로 돌아가 다시 한 번 복습하세요.

A(a)로 시작하는 단어들

□	adorable	사랑스러운	091
□	afraid	두려운	067
□	alone	혼자인; 혼자서	077
□	am	~이다	029
□	America	미국	043
□	American	미국인	043
□	angry	화나는	051
□	any	아무, 그 어떤	155
□	anymore	더 이상	067
□	are	~이다	073
□	art	미술; 예술	239
□	at	~에 (at + 숫자=~시에)	183

B(b)로 시작하는 단어들

□	bad	못하는; 나쁜	039
□	bag	가방	109
□	ball	공	018
□	baseball	야구	237

☐	beautiful	아름다운	087
☐	bed	침대	199
☐	best	가장 좋은, 최고의	085
☐	best friend	가장 좋은[친한] 친구	085
☐	big	커다란, 큰	145
☐	book	책	103
☐	bored	지루한	053
☐	boyfriend	남자친구	125
☐	brave	용감한	075
☐	breakfast	아침식사	189
☐	brother	남자 형제 (남동생, 오빠, 형)	081
☐	brush	칫솔질하다	185
☐	busy	바쁜	059

C(c)로 시작하는 단어들

☐	cartoon	만화	169
☐	cat	고양이	113
☐	chance	기회	155
☐	cheap	(가격이) 싼	111
☐	child	자녀; 어린이	041
☐	chocolate	초콜릿	229
☐	choice	선택(권)	155
☐	church	교회	227
☐	classmate	반 친구	097
☐	close	친한, 가까운	099
☐	coat	코트	133
☐	coffee	커피	221
☐	cold	추운; 차가운	065
☐	color	색깔	107
☐	computer	컴퓨터	139
☐	cook	요리사	035
☐	cousin	사촌	113
☐	coward	겁쟁이	045
☐	cute	귀여운	091

D(d)로 시작하는 단어들

☐	dad	아빠	165
☐	dance	춤추다	205
☐	daughter	딸	135
☐	dinner	저녁식사	211
☐	disappointed	실망한	129
☐	do	(어떤 동작·행위를) 하다	197
☐	doctor	의사	035
☐	dog	개	113
☐	dream	꿈	145
☐	drink	마시다	221

E(e)로 시작하는 단어들

☐	each other	서로	243
☐	eat	먹다	189
☐	eight	8, 여덟	191
☐	English	영어	217
☐	every day	매일	185
☐	excited	신나는	061
☐	expensive	(가격이) 비싼	111

F(f)로 시작하는 단어들

☐	face	얼굴	187
☐	familiar	익숙한	069
☐	family	가족	105
☐	fan	선풍기	018
☐	fast	빨리	207
☐	father	아버지	083
☐	favorite	가장 좋아하는	107
☐	fever	열	147
☐	fish	물고기, 생선	223
☐	flower	꽃	161
☐	food	음식	173

☐	fool	바보	045
☐	foolish	어리석은	099
☐	four	4, 넷	149
☐	fresh	신선한	163
☐	friend	친구	073
☐	fruit	과일	163
☐	full	배부른	057

G(g)로 시작하는 단어들

☐	game	게임	169
☐	gentle	순한, 온화한	091
☐	get up	일어나다	183
☐	girlfriend	여자친구	127
☐	give	주다	023
☐	glad	기쁜	051
☐	glasses	안경	131
☐	go	가다	199
☐	good	잘하는; 좋은	039
☐	grandfather	할아버지	089
☐	grandmother	할머니	089
☐	greasy	느끼한, 기름진	173

H(h)로 시작하는 단어들

☐	hand	손	187
☐	happy	행복한	037
☐	hard	열심히	215
☐	have	가지고 있다	139
☐	he	그	079
☐	headache	두통	147
☐	her	그녀의	123
☐	here	여기(에)	235
☐	his	그의	121
☐	home	집	191
☐	homework	숙제	197

☐	hot	더운, 뜨거운	175
☐	hungry	배고픈	055
☐	husband	남편	125

I(i)로 시작하는 단어들

☐	I	나	029
☐	ice cream	아이스크림	229
☐	idea	생각	151
☐	in	~안에서	201
☐	is	~이다	079

J(j)로 시작하는 단어들

☐	jacket	자켓	133
☐	juice	주스	025

K(k)로 시작하는 단어들

☐	kind	친절한	075
☐	kitten	새끼 고양이	141
☐	know	알다	243
☐	Korea	한국	031
☐	Korean	한국인	031

L(l)로 시작하는 단어들

☐	lazy	게으른	047
☐	leave	나가다, 떠나다	191
☐	lemon	레몬	018
☐	liar	거짓말쟁이	045
☐	like	좋아하다	161
☐	live	살다	233
☐	lonely	외로운	067
☐	love	사랑하다	165
☐	lunch	점심식사	211

M(m)으로 시작하는 단어들

☐	make	만들다	023
☐	meat	고기	223
☐	meet	만나다	245
☐	mole	(피부 위의) 점	143
☐	mom	엄마	165
☐	money	돈	157
☐	mother	어머니	083
☐	movie	영화	213
☐	music	음악	239
☐	my	나의	079

N(n)로 시작하는 단어들

☐	neighbor	이웃	123
☐	nervous	신경질적인	047
☐	New York	뉴욕	233
☐	nine	9, 아홉	199

O(o)로 시작하는 단어들

☐	often	자주	213
☐	okay	괜찮은	119
☐	only	유일한	041
☐	only child	외동아들, 외동딸	041

P(p)로 시작하는 단어들

☐	paper	종이	231
☐	parents	부모님	101
☐	pen	펜	231
☐	pencil	연필	231
☐	people	사람들	177
☐	person	사람	037
☐	pet	애완동물	141
☐	phone	전화기	139

☐	photo	사진	018
☐	piano	피아노	241
☐	picky	까다로운	047
☐	pizza	피자	229
☐	play+놀이·게임	(놀이·게임 등을) 하다; 놀다	195
☐	play+운동 종목	(어떠한 종목의 운동을) 하다	237
☐	play+악기	(어떠한 악기를) 연주하다	241
☐	police	경찰	035
☐	pretty	예쁜	087
☐	puppy	강아지	141

Q(q)로 시작하는 단어들

☐	question	질문	151

R(r)로 시작하는 단어들

☐	ready	준비된	119
☐	read	읽다	209
☐	really	정말, 진짜	061
☐	relative	친척	121
☐	ribbon	리본	018
☐	right	맞은, 올바른	117
☐	room	방	201
☐	rude	무례한	177
☐	run	뛰다	207

S(s)로 시작하는 단어들

☐	sad	슬픈	051
☐	salty	짭짤한, 짠	167
☐	scar	흉터	143
☐	scared	무서운	063
☐	school	학교	227
☐	selfish	이기적인	177
☐	Seoul	서울	233

☐	set	세트	105
☐	seven	7, 일곱	189
☐	she	그녀	085
☐	shoes	(2쪽으로 된 1켤레의) 신발	131
☐	shop	가게	018
☐	sing	노래하다	205
☐	singer	가수	039
☐	sister	여자 형제 (여동생, 언니, 누나)	081
☐	six	6, 여섯	183
☐	skirt	치마	219
☐	sleep	(잠을) 자다	201
☐	sleepy	졸린	063
☐	slowly	느리게	209
☐	small	조그만, 작은	143
☐	smile	미소 짓다	023
☐	snack	과자	167
☐	snake	뱀	171
☐	so	너무, 정말	055
☐	soccer	축구	237
☐	socks	(2쪽으로 된 1켤레의) 양말	131
☐	some	조금의, 약간의	151
☐	son	아들	135
☐	song	노래하다	018
☐	speak	말하다	217
☐	spicy	매운	173
☐	spider	거미	171
☐	star	별	018
☐	student	학생	033
☐	study	공부하다	193
☐	stupid	멍청한	077
☐	summer	여름	179
☐	sure	확신하는	069
☐	surprised	놀란	129
☐	sweet	달콤한	167

T(t)로 시작하는 단어들

☐	talk	말하다	209
☐	teacher	선생님	193
☐	teeth	(여러 개의) 이빨	185
☐	that	그렇게, 그 정도로	065
☐	that	저것	111
☐	that much	그렇게 많이	179
☐	there	저기(에)	235
☐	they	그들	101
☐	think	생각하다	025
☐	this	이것	107
☐	three	3, 셋	149
☐	thunder	천둥	018
☐	time	시간	157
☐	tired	피곤한	065
☐	to	~(으)로	199
☐	together	함께	211
☐	too	너무 (심하게)	057
☐	tooth	(1개의) 이빨	184
☐	toothache	치통	147
☐	touched	감동받은	053
☐	toy	장난감	103
☐	travel	여행하다	245
☐	tree	나무	161
☐	tube	튜브	018
☐	two	2, 둘	149

U(u)로 시작하는 단어들

☐	umbrella	우산	153
☐	unhappy	불행한	037
☐	upset	속상한	063

V(v)로 시작하는 단어들

☐	vase	꽃병	018
☐	vegetable	야채	163
☐	very	아주, 매우	059
☐	very much	아주[매우] 많이	169
☐	violin	바이올린	243

W(w)로 시작하는 단어들

☐	walk	걷다	207
☐	wallet	지갑	153
☐	wash	씻다	187
☐	watch	보다, 관람하다	213
☐	we	우리	095
☐	wear	입다	219
☐	weather	날씨	175
☐	well	잘	205
☐	wife	아내	127
☐	winter	겨울	179
☐	wish	소원, 소망	145
☐	with	~와[과] 함께	193
☐	work	일하다	215
☐	worried	걱정되는	053
☐	wrong	틀린, 잘못된	117

Y(y)로 시작하는 단어들

☐	yet	아직	069
☐	you	너, 당신	073
☐	your	너의	109